日本における既婚女性のパートタイム労働

変わる働き方，変わらない女性の役割

田中 裕美子

晃洋書房

目　　次

序　章　　なぜ女性はパートタイム労働を選択するのか……………1

1 ▶ 女性の就業意識の変化と現状　　（1）

2 ▶ パートタイム労働とジェンダー規範　　（3）

3 ▶ ジェンダー規範の意識と実態の差　　（4）

4 ▶ 分析の方法　　（6）

5 ▶ 本書の構成　　（8）

第 1 章　　パートタイム労働を理解するために …………………11

1 ▶ パートタイム労働への視点　　（11）

2 ▶ パートタイム労働への関心　　（13）

3 ▶ 生活時間調査が示すもの　　（15）

4 ▶ 本書の意義　　（17）

5 ▶ 分析の視角　　（17）

6 ▶ 分析対象の設定　　（19）

第 2 章　　パートタイム労働をめぐる政策動向と課題 ……………23
──「パートタイム労働法」から「パートタイム・有期雇用労働法」
　　までを中心に──

は じ め に　　（23）

1 ▶ パートタイム労働をめぐる法整備　　（23）

2 ▶ 残された課題　　（31）

i

第**3**章　既婚女性のパートタイム労働：実態と政策の推移 …… 35
──「婦人労働の実情」を題材として──

はじめに　（35）
1 ▶「パートタイム労働」の定義　（36）
2 ▶ 半世紀を通して　（91）

第**4**章　生活時間からみたジェンダー規範と働き方 …………… 97

はじめに　（97）
1 ▶「労働時間」の変化と働き方　（98）
2 ▶ 考　　察　（118）

第**5**章　パネルデータからみた有配偶女性の働き方 ………… 123

はじめに　（123）
1 ▶「消費生活に関するパネル調査」の概要と特徴　（124）
2 ▶ 仕事時間と家事・育児時間に関する分析　（125）
3 ▶ 有配偶女性の就業形態の分布　（136）
ま　と　め　（138）

第**6**章　1994 年から 2015 年の正社員とパート・アルバイトの
賃金の推移 …………………………………………… 141

はじめに　（141）
1 ▶ 1994 年から 2015 年までの正社員とパート・アルバイトの賃金の推移
　（142）
2 ▶ 2007 年「パートタイム労働法」改正の影響　（166）
ま　と　め　（169）

目　　次

終　章　変わる働き方，変わらない女性の役割 ·······················173
──パートタイム労働とジェンダー平等──

1 ▶ 変わらないジェンダー規範　　（173）

2 ▶ パートタイム労働の課題　　（174）

3 ▶ 多様な働き方とジェンダー平等　　（175）

ま　と　め──多様な働き方への実現にむけて──　　（181）

あ　と　が　き　　（183）

引　用　文　献　　（187）

索　　　　引　　（195）

序　章

なぜ女性はパートタイム労働を選択するのか

1 ▶ 女性の就業意識の変化と現状

　さまざまな調査結果が示すように，女性の就業意識やライフコースについての考え方は変化してきている．

　たとえば，性別役割分業意識の変化があげられる．「夫は外で働き，妻は家庭を守るべきである」という考え方について，1979年の総理府「婦人に関する世論調査」では，賛成（「賛成」＋「どちらかといえば賛成」）が，女性70.1%，男性75.6%であった．反対（「反対」＋「どちらかといえば反対」）は，女性22.8%，男性17.4%であり，賛成が反対を大きく上回っていた．また，女性の働き方についての男女の意識も変化している．1992年の総理府「男女平等に関する世論調査」によると，「子どもが大きくなったら再び職業を持つ方がよい」が，女性が45.4%，男性は39.2%であり，「子どもができてもずっと職業を続けるほうがよい」は，女性が26.3%，男性は19.8%であった（内閣府男女共同参画局編　2017）.

　しかし，2019年には，「夫は外で働き，妻は家庭を守るべきである」という考え方について，賛成（「賛成」＋「どちらかといえば賛成」）が，女性31.1%，男性39.4%と大幅に減少している．対して，反対（「反対」＋「どちらかといえば反対」）の割合は，女性63.4%，男性55.6%と増加傾向にある．さらに，「子どもができてもずっと職業を続けるほうがよい」は，女性が63.7%，男性は58.0%，「子どもができたら職業をやめ，大きくなったら再び職業をもつ方がよい」は女性が19.7%，男性が21.1%と，男女とも大きく変化している（内閣

府男女共同参画局編　2019).

　このように女性の働き方も変化し，男女の意識も変化していることがわかる．確かに，女性の労働力率は上昇し，継続就業を選択する女性も増加している．しかし，国立社会保障・人口問題研究所によれば，出産前に就業していた女性のうち，30.5％が，第1子を出産後に退職している．

　こうした状況のもと，女性はどのような働き方を希望しているのだろうか．上記の国立社会保障・人口問題研究所によれば，2015年の調査において，未婚女性が理想とするライフコースは，結婚し子どもを持つが結婚あるいは出産の機会にいったん退職し，子育て後に再び仕事を持つ「再就職コース」が34.6％と最も多く，次いで，結婚し子どもを持つが，仕事も一生続ける「両立コース」が32.3％となっている．また，実際になりそうだと考える，予想ライフコースでも，「再就職コース」が31.9％と最も多く，「両立コース」が28.2％と続く．理想，予想とも，再就職型が多い．これを2021年の調査と比較すると，理想ライフコースでは，「両立コース」が34.0％と最も多い．こうした結果は調査が始まって以来初めてのことである．予想ライフコースでは「再就職コース」が22.7％，「両立コース」は28.2％である[1]．「理想ライフコース」「予想ライフコース」とも，「両立コース」の割合が最も高くなっている．また，「男性が，パートナーとなる女性に望むライフコース」では，「再就職コース」が29.0％，「専業主婦コース」が6.8％といずれも前回調査に比べて減少した．他方，「両立コース」は39.4％に増加し最も多い（国立社会保障・人口問題研究所　2023）．このようにライフコースに関する意識はさらに変化している．実際，継続就業をする女性の割合は増加しつつある．しかし，既婚女性にとって中心的な就業形態は依然としてパートタイム労働である．

　継続就業のためには，男性の育児への参画が欠かせないが，男性の育児休業の取得率は，2023年30.1％と上昇傾向にあるものの，女性の84.1％に比べると差が大きい（厚生労働省　2024）．次に，男女の仕事と家事・育児時間の使い方をみると，男性が仕事に多くの時間を費やし，女性は家事・育児に長い時間

序　章｜なぜ女性はパートタイム労働を選択するのか

を使っている．家事・育児時間の男女差は大きい．たとえば，6歳未満の子ど
もを持つ世帯の夫婦の1日あたりの家事関連時間は，妻が7時間28分である
のに対して，夫は1時間54分である（総務省統計局　2022）．状況は少しずつ変
わってきているとはいえ，家庭責任の多くを女性が担っている状態は依然とし
て続いている．「イクメン」や「カジダン」などの流行語が生まれたが，実際
に男性の家事・育児の分担が進んだとはいえない．調査結果に示される男女の
意識の変化ほどには，実態は変わっていないのではないか．「男性は仕事，女
性は家庭」というジェンダー規範は，本当に変化しているのだろうか．

2 ▶ パートタイム労働とジェンダー規範

　本書では，既婚女性の多くが選択している就業形態が，パートタイム労働で
あることに着目する．パートタイム労働は，既婚女性が仕事と家事・育児とを
両立させるための選択肢となってきた．パートタイム労働は，既婚女性にとっ
て「男性は仕事，女性は家事・育児」というジェンダー規範にそった就業選択
であると考える．

　パートタイム労働においては，雇用の安定性や労働条件に関する諸問題が，
長い間課題として残されてきた．その背景として，パートタイム労働は既婚女
性が多いこと，すなわち，多くは夫の収入で生活が支えられており，低処遇で
あっても問題が顕在化しにくかったためであるといえる．

　現在，パートタイム労働を含む非正規雇用の処遇は，その格差是正が社会問
題として議論されている．1993年に成立した「パートタイム労働法」は，
2007年，2014年と改正され，2018年には「パートタイム・有期雇用労働法」
へと改正された．「同一労働同一賃金」も導入された．こうした状況をみると，
パートタイム労働者の抱える問題は解決に向かっているように思える．

　これまで，パートタイム労働は，主として既婚女性が仕事と家庭の両立のた
めの，あるいは企業の雇用調整弁としての役割を担ってきた．パートタイム労

働者はさまざまな意味での調整役を果たしており，現在では，パートタイム労働者の基幹化という役割さえ担っている．

さらに，女性の就業率の増加傾向による性別役割分業のゆらぎも指摘されている（中川　2011：168）．確かに，女性の就業率が高まることは，ジェンダー規範のゆらぎとしてとらえることができる．しかし，その就業形態がパートタイム労働であった場合には，従来のジェンダー規範の維持につながる可能性も持つ．現在では，共働き世帯が専業主婦世帯を上回っており，「男性は仕事，女性は仕事と家事・育児」という性別役割分業が中心的である．1970 年代以降，女性の労働力率の上昇や就業形態の多様化など，働き方に変化はあったが，その過程で女性は主としてパートタイム労働を選択してきた．なぜ既婚女性はパートタイム労働を選択してきたのか．そしてなぜ現在も選択しているのだろうか．これが本書の根底をなす問いである．

3 ▶ジェンダー規範の意識と実態の差

近年，労働市場における女性の働き方や性別役割分業に関する意識は大きく変わった．しかし，女性が家事・育児の大部分を担うというジェンダー規範は，依然として一定の影響を及ぼしている．また，これまでも政府の政策や企業の人事管理もそれを前提としてきたため，ジェンダー規範が再生産されており，その結果，意識と実態に差が生じている．その差を縮めるためにはどのような政策が必要であるか．これが，本書の主題である．

女性の働き方は，1960 年代までに見られた自営業主，家族従業者から雇用者へと，その中心を移していった．そして，この頃から未婚女性が結婚までの短期間働くというライフスタイルに加えて，既婚女性がパートタイム労働者として就業しはじめるようになる．その後，既婚女性の働き方として定着し，1980 年代には本格的に展開する．また，パートタイム労働も，かつての「単純労働」中心から，「基幹的役割」を担うまでに変化している．1960 年代のパ

序　章｜なぜ女性はパートタイム労働を選択するのか

ートタイム労働と現在とでは，労働者に求められるものが異なっているといえる．パートタイム労働者にも，もっと多様性があっても良いはずだが，パートタイム労働は，依然として既婚女性が中心の働き方である．

　一般的に，パートタイム労働は短時間労働である．しかし，第3章で詳しく検討するが，1960年代の製造業でみられたように，かつては必ずしも短時間労働ではなかった．仕事時間がフルタイム労働なみに長かったなかで，既婚女性は家庭責任を担っていた．どれだけ長時間，外で働いたとしても，家庭責任を担うのはあくまでも女性であった．つまり，この当時のジェンダー規範は今より強かったと考えられる．

　本書における1つめの研究課題は，こうした状況に対応して，パートタイム労働に関する実態と政策がどのように変化してきたのかを明らかにすることである．すでにみたように，調査では，女性の働き方やライフコースに関する意識の変化が示されている．意識が変化しているのであれば，パートタイム労働者の仕事時間と家事・育児時間の配分にも変化がみられるであろう．また，パートタイム労働という働き方の持つ意味も異なってくると考えられる．

　2つめの研究課題は，意識の変化の下で実態として，男女の仕事時間と家事・育児時間は，変化しているかを明らかにすることである．その際，男女の生活時間に着目する．ジェンダー規範があらわれているものとして，男女の生活時間の使い方があげられる．たとえば，ジェンダー規範が変化している例として，男性の仕事時間の減少，家事・育児時間の増加や，女性の仕事時間の増加，家事・育児時間の減少などがあげられる．生活時間は，個々人の選択の結果である．その選択は，自らの判断や意思に基づいて行われる主体的なものとしてとらえることができよう．また，選び取られた行動，すなわち時間の使い方には，社会が要請しているジェンダー規範があらわれていると考える．

　本書では，① パートタイム労働をめぐる実態と政策，および，② 仕事時間と家事・育児時間，の2つの側面から，ジェンダー規範の変化について検討する．

5

4 ▶ 分析の方法

　本書では，これらの課題に対して，以下の2つの方法によりアプローチする．

　まず，女性がパートタイム労働へ参入していくプロセスに着目する．パートタイム労働は，労働需要側である企業や，労働供給側である女性から，どのように位置づけられていたのだろうか．また，パートタイム労働をめぐる政策は，どのように展開されていったのだろうか．これらの問いに対して，労働省婦人少年局「婦人労働の実情」を取り上げ，1960年代から2010年までの約50年間の女性の働き方の実態と政策動向の推移について振り返る．

　1960年代は，自営業が中心であった社会において，一部にそのめばえはあったものの，パートタイム労働という働き方は本格的な展開には至らない．その後，高度経済成長期になり，労働力不足への対応として企業側からも既婚女性のパートタイム労働が注目され，パートタイム労働が定着し始める．当時のパートタイム労働者は，おもに製造業に就業しており，1970年代のオイル・ショックの時期には，雇用の調整弁として利用されるようになる．パートタイム労働は，企業に必要な労働力として，労働力不足への対応から雇用調整の手段へとその役割を変化させる．

　1980年代半ばになると，「男女雇用機会均等法」が成立し，女性の働き方が，若年未婚者のフルタイム労働と，既婚女性のパートタイム労働との2本立てになる．また，就業分野も第三次産業へとシフトし，これまでのパートタイム労働の仕事時間が変化するきっかけにもなる．1990年代には，パートタイム労働者に，フルタイム労働者に近い役割が期待される．そのひとつが，パートタイム労働者の基幹化である．しかし依然として，パートタイム労働者の処遇については課題が残されていた．また，バブル経済の崩壊により，人件費の削減を目的とするパートタイム労働も増加した．2000年代に入ると，派遣労働など，パートタイム労働以外の非正規雇用に焦点があたる．既婚女性が中心のパ

ートタイム労働ではなく，若年層や男性の非正規雇用が，社会問題として取り上げられるようになる．

このように，パートタイム労働の企業からの位置づけは，時代とともに変化してきた．他方，既婚女性がパートタイム労働を選択する理由には「自分の都合の良い日時を選択できる」，「家事・育児」があげられている．

また，パートタイム労働政策をみると，パートタイム労働法などをめぐる一定の法整備はあった．しかし，積極的な措置が講じられていたかといえば，必ずしもそうとはいえない．こうした状況を，「婦人労働の実情」に描かれているパートタイム労働対策についての記述から振り返る．「婦人労働の実情」を取り上げる理由は，おもに女性を対象とした労働状況と労働政策について，時代背景とともに行政からの視点でその時代の実態と特徴が述べられている労働省（現厚生労働省）の年次報告書だからである．このことより，「パートタイム労働」の状況と役割，政策がどのように変化していったかをその記述からみることが可能であると考える．

次に，生活時間を手がかりにジェンダー規範について検討する．具体的には，妻と夫の仕事時間と家事・育児時間の推移をみる．夫婦の仕事時間と家事・育児時間は，夫婦間において誰がおもに仕事をして，誰がおもに家事・育児を担うのかという選択の結果であり，そこにはジェンダー規範が現れていると考える．

既婚女性は，仕事と家事・育児を1日24時間のなかでどのように調整してきたのか．NHK『図説　日本人の生活時間』を取り上げ，1960年代から2010年までの約50年間を対象とし，年代ごとの変化を検討する．

1960年代には，女性の仕事時間と家事・育児時間は，両方とも長かった．それは，第3章でみるように，女性が自営業主あるいは家族従業者として多く働いていたからである．その後，女性の専業主婦化の流れにより仕事時間は減り，再び家事・育児時間が増加する．同時に，既婚女性のパートタイム労働への進出も増えてくる．このように働く場所や時間は変化しており，仕事時間と

家事・育児時間の配分が変わるきっかけは，何度もあったと考える．

　しかし，このような変化にもかかわらず，女性の生活時間の使い方（仕事時間と家事・育児時間の配分）の変化は大きいとはいえない．時間量に差はあるものの，家事・育児時間の多くを女性が担っている．

　こうした時間の使い方に，女性の役割をみることができる．調査に見る意識と現実にはズレがあるが，ジェンダー規範に変化はみられるのか．この点について，『図説　日本人の生活時間』を取り上げ検討する．

　さらに，仮にジェンダー規範が変化しているのであれば，パートタイム労働という働き方であっても仕事時間は長くなると考えられる．この点について，慶應義塾大学経済学部附属経済研究所パネルデータ設計・解析センター「消費生活に関するパネル調査」の個票をもちいて，仕事時間と家事・育児時間の推移をより正確に把握する．具体的には，有配偶女性とその夫を対象に，1997年から2015年までの19年分のデータを用いて分析する．最後に，パートタイム労働を考える際に，賃金の問題は避けて通れない．そこで，パート・アルバイトと正社員の賃金格差の推移をみる．さらに，2007年に改正した「パートタイム労働法」が，その後の賃金格差に影響を及ぼしているかについても検討する．

5 ▶ 本書の構成

　本書の構成は以下の通りである．

　第1章では，パートタイム労働と生活時間研究に焦点をあて，先行研究もふまえつつパートタイム労働の課題と生活時間研究の特徴を示す．そして，本書の分析の視点および分析対象の設定をおこなう．

　第2章では，パートタイム労働をめぐる政策動向について整理する．1993年に「パートタイム労働法」が成立するが，それまでパートタイム労働に関する対策がまったくなかったわけではない．「パートタイム労働法」成立までの

政策的な経緯と，成立後の3度にわたる改正の概要について述べる．

第3章では，労働省（現厚生労働省）婦人少年局「婦人労働の実情」の記述から，約50年間におけるパートタイム労働の実態と，パートタイム労働をめぐる当時の状況と政策動向について整理し，女性労働をとりまく状況の変化とパートタイム労働の位置づけを検討する．

第4章では，NHK『図説　日本人の生活時間』より，生活時間の使い方から女性の働き方とジェンダー規範について考察する．具体的には，仕事と家事・育児時間における，男女の時間の違いを検討する．そして，既婚女性のパートタイム労働は，ジェンダー規範が変わらず影響を及ぼしていることを明らかにする．

第5章では，慶應義塾大学経済学部附属経済研究所パネルデータ設計・解析センター「消費生活に関するパネル調査」の個票から，労働時間の推移について分析する．

第6章では，正社員とパート・アルバイトの賃金格差に着目する．第5章と同様の，慶應義塾大学経済学部附属経済研究所パネルデータ設計・解析センター「消費生活に関するパネル調査」の個票を用いて，正社員とパート・アルバイトの賃金格差が縮まっているかどうかを検証する．その際に，「パートタイム労働法」の2007年改正前後の賃金格差についても検討する．

終章では以上の分析をふまえ，ジェンダー規範についての意識と実態のギャップについてまとめをおこなう．

注
1）予想ライフコースの最多は「非婚就業コース（33.3%）」である．
2）ジェンダー規範とは，性別に基づく社会規範である．ここで，ジェンダーとは，当該社会において社会的・文化的に形成された性別や性差についての知識をさす（江原・山田2008：5）．本書では，「男性は仕事，女性は家事・育児」といった，男女の性別役割分業の意味で用いる．
3）本書では一般的に使われる「既婚女性」という表現を用いているが，統計調査において

「有配偶」と表記されている場合はそれに従う．

4）本書で使用する資料において「パートタイマー」と表記されている場合には，それに従う．

第1章

パートタイム労働を理解するために

1 ▶ パートタイム労働への視点

（1）女性の働き方と処遇格差

　女性の働き方は多様化している．1960年代は「自営業主」や「家族従業者」として働いており，女性は「仕事と家事」を担うのが一般的であった．しかし，1970年代以降，専業主婦が多数を占めた後には，雇われて（雇用者として）働く女性が徐々に増えていく．そして，女性が内職など家の中で働く場合には直面しなかった「仕事と家庭」の両立に再度向き合うことになる．こうした女性労働の分析や育児休業制度や保育所などの社会環境についての研究は多くの蓄積がある[1]．

　1970年代以降，女性労働者はパートタイム労働者を中心としながら増加し，現在でも既婚女性の多くがパートタイム労働者として働いている．その理由としては，「家事・育児」など「家庭責任」があげられるが，それは「男性は仕事，女性は家庭」という性別役割分業と深く関わっている．女性の働き方は「出産，家事，育児」を機にいったんフルタイムを退き，再就職する際にはパートタイムを選択する，という「再就職型」が主流であった．いいかえれば，フルタイムとして働き続ける「継続就業」が難しい社会であるといえよう．

　ただし，ここで「フルタイムとして働き続けるのが望ましい」といいたいわけではない．パートタイム労働者として働くことは，自分の状況に応じた働き方が可能となる一方，正社員に比べて処遇格差を引き受けなければならないという可能性が問題である．パートタイム労働とはその言葉通り「短時間労働」

である．フルタイム労働者と労働時間の短さに比例した差が生じることはあっても，それ以上の理由のない「処遇格差」は問題である．

（2）フルタイム労働者とパートタイム労働者の賃金格差

「処遇格差」はさまざまな側面に見ることができる．

生活の基盤となる賃金に着目すれば，一般労働者とパートタイム労働者の賃金格差の要因は，生産性の格差よりも賃金制度そのものにある（大沢真知子 1993：189）．また，就業形態間の賃金格差として，同じ個人でも正社員からパート・アルバイトに異動すると男女とも時間あたり賃金率がさがる（永瀬 2018）．さらに，賃金差の説明要因として，契約期間の違いよりも呼称の影響がより大きく，賞与を含めると賃金差がさらに拡大する（川口 2018）．パートタイム労働者も「働きにみあった」賃金が求められるが，賃金格差は依然残されている．

（3）「身分」としてのパートタイム労働

こうした「処遇格差」の背景にあるものは何であろうか．なぜ，パートタイム労働者の賃金は「働きにみあった」ものにならないのだろうか．この問いについては，パートタイム労働者の「身分」という視点が重要である．

フルタイム労働者と全く同じ労働日数，労働時間働いている者を単に身分的にパートタイム労働者として区別することの問題点が存在する（松原 1983）．また，複数の政府の統計調査におけるパートタイム労働者の定義から，「日本の『パート』は労働時間の短さで定義することがむずかしく，結局，事業所での『取扱い』，つまりいわば『身分』として把握するほかない」との指摘もある（大沢真理 1993：82）．「パートタイム」と位置づけられていること（「身分」）が，処遇格差の要因のひとつになるといえるだろう．

第1章│パートタイム労働を理解するために

（4）パートタイム労働の「自発的」選択

既婚女性がパートタイム労働を選択する理由として「仕事と家庭」の両立が
あげられる．その際に，彼女たちは「自発的に」働き方を選択しているのであ
り，その限りにおいて問題はないという考え方がある．

他方，さまざまな調査結果において示される「女性は『自由な選択』によっ
てパートにつく」という見方が多いことをふまえ，「自発的選択」に対しては
「だがここで，女性たちの『選択』がどれほど本当に『自由』か問い返す必要
がある」と述べられる（大沢真理　1993：90-1）．この「自由な選択」への疑問は，
本書における「女性が自発的に選択している」という認識への問題意識と共通
するものである．

2 ▶ パートタイム労働への関心

（1）パートタイム労働への関心のめばえ

1970年代以降，パートタイム労働の実態調査が実施されるようになり，特
徴や課題点が浮かび上がってくる．

パートタイム労働者であるにもかかわらず，「フルタイム」で働く，いわゆ
る「フルタイムパートタイマー」をめぐる問題が認識されていた（正田　1971）．

また，女性パートタイマーを中心に実施したアンケート調査によれば，有配
偶者と未婚者および離別・死別者には，就業動機に違いがある．すなわち，有
配偶者は「家事・育児などの家庭の条件」あるいは「自分の都合にあわせて働
くことができる」とするものが圧倒的に多く，未婚および離別・死別者の場合
は「正社員の仕事がみつからなかった」など「非自発的」な理由をあげるもの
が多いことが示されている（東京都労働基準局　1984）．パートタイマーと呼ばれ
ていても実態は一般労働者と変わらない者が存在する点など，現在も直面して
いるパートタイム労働の課題を見いだせる．

13

（2）パートタイム労働という働き方

　「パートタイム」という働き方は多くの国で見られるが，その様相は一様ではないことが，国際比較からいえる[2]．産業構造，社会保障制度，労働市場，税制度，家庭内における性別役割分業などに影響を受け，パートタイム労働を含む非典型雇用のあり方に特徴がみえる（大沢・ハウスマン　2003）．日本においても同様である．

　1960年代以降，女性労働をめぐる状況が大きく変化し，主婦のパートタイム雇用と定着労働力の双方の増加傾向にあった．そして，先進資本主義国における資本制による性別分業の包摂形態が，①ツー・サイクル型，②パートタイム型，③社外工の一形態としての派遣労働型，④在宅勤務型，⑤定着型（シングル・キャリアウーマン型と共働き型）などを成立させ，女子労働の二極化，あるいは多極分解を促進した（竹中　1989：16）．また，女性労働市場の特徴のひとつとして，新しく「年齢別・重層的雇用構造」が形成され，若年労働力不足を契機として促進されている．そのひとつの形態が主婦パートタイマーのひろがりであると指摘されている（竹中　1989：240）．

　パートタイム労働者の二極化や多様化というパートタイム労働の特質は，「労働力の重層化」という観点から明らかにされている（三山　2001, 2003, 2011）．また，1980年代に入るとパートタイム労働は「基幹化」する（本田　2007）．

　さらに，パートタイム労働とフルタイム労働の処遇について，日本とヨーロッパでは大きな違いがある．すなわち，日本は「均等・均衡待遇」であるが，ヨーロッパでは，フルタイムとパートタイムが「均等待遇」である国が多い．ただし，たとえパートタイム労働とフルタイム労働が「均等待遇」であったとしても，パートタイム労働に「既婚女性が多いこと」，「性別職務分離」があることなどの特徴があり，課題は残されている（Blossfeld and Hakim　1997）．

（3）パートタイム労働とジェンダーの視点

　パートタイム労働をとらえるには，労働問題の視点以外に，市場や家計（家庭）も考慮に入れる必要があるが，ジェンダーの視点，とりわけ男女間での性別役割分業とは関わりが深い．

　社会や職場環境，内部労働市場における労働問題だけではなく，社会保障や生活時間の配分，家族などについても対象とし，幅広い視点から，正規労働者と非正規労働者の比較分析がおこなわれている（古郡　1997）．すでにみたように，既婚女性がパートタイムを選択する理由の多くが「家事・育児」などの家庭責任である．多くのパートタイム労働者が，性別役割分業に影響をうけて選択しているといえる．多くの女性にとって雇われて働くことは，家庭責任との両立という葛藤を引き受けることになり，分析においてはジェンダーの視点が不可欠である．また，家庭生活や家族について考える際には，「企業社会」との関連を視野に入れることが必要となる（木本　1995）．一方，ジェンダーの視点からの分析については，百貨店やスーパーマーケットでのケーススタディを通して，組織とジェンダーの関連，すなわち，「労働過程それ自体の中でのジェンダー解釈」を通じた検討の重要性についても指摘されている（木本 2003：195）．

3 ▶ 生活時間調査が示すもの

（1）生活時間調査のはじまり

　わたしたちの生活をとらえるには，「生活時間」という指標は大変重要である．生活時間の調査結果は，単に個人の時間記録ではない．「個人の選択の幅と社会秩序の拘束との関係」を示す（矢野　1995：4）．こうした観点からも，生活時間を分析することは社会を理解するために有用なアプローチである．

　生活時間調査は，その目的は一様ではないが，早い段階から実施されている．1941 年 9 月に篭山京が実施した調査結果からは，労働，余暇，休養の関係に

ついて，「（1）労働は休養を規定する，（2）余暇（労働化せる余暇）は休養を
規定する，（3）労働は又，余暇を規定する」と，その関係が示されている．
すなわち，1日24時間の配分は，第一に，労働時間を支出し，第二に，労働
時間に対応して必要な休養時間を支出し，第三に，最後の残余を，余暇とその
余暇利用によって必要となる休養に配分するのである（篭山 1984：70-1）．こ
れは，休養や余暇は，労働時間によって規定されていることを示す．また，現
在も継続的に実施されている調査としては，「NHK 国民生活時間調査」があ
げられる．この調査は，1960年（昭和35年）から5年ごとにおこなわれている
調査であり[3]，「国民の1日の生活行動を時間との対応の中で把え，放送番組編
成・制作の基礎資料とするとともに，国民生活の実態を示す資料として，広く
各界の利用に供すること」を目的としている（NHK 放送世論調査研究所 1982：
9）．また，1960年代に行われた Szalai, A. を中心とした生活時間の国際比較
調査[4]をもとに，同調査と比較可能となるように設計された生活時間調査が
1972年に愛媛県松山市で実施された．生活の質について，「多様性」，「多忙
性」，「同調性」の3つの指標を基準に労働時間や家事時間などについて比較検
討されている（経済企画庁国民生活局国民生活調査課 1975）．このように，生活時
間からは多様な側面から生活実態を把握することができる．

（2）生活時間とジェンダー

　前述の矢野にならえば，生活時間，具体的には「仕事時間」と「家事・育児
時間」の配分は，夫婦間での選択の結果ではあるが，それは個人の時間ではな
く，社会が要請している結果であるといえる．つまり，夫婦間における「仕
事」と「家事・育児」時間の配分をみれば，性別役割分業に関する実態を理解
する手がかりになる．
　ジェンダーの視点からの生活時間調査も蓄積されている．おもに，仕事とそ
れ以外（家事・育児が中心となる）の時間を比較する研究が中心である．たとえば，
仕事時間と家事・育児時間の合計は夫婦間で差が生じる．また，夫が世帯主と

第1章 パートタイム労働を理解するために

なっている場合は，妻の就業形態によって平日の生活時間に違いがある．生活時間の国際比較はこうした日本の特徴を明らかにする（伊藤ほか 1989；田中 2007；水野谷 2005；連合総合生活開発研究所 2009）．このように「男性は仕事，女性は家事・育児」という性別役割分業が実態として生活時間にあらわれるといえよう．

4 ▶ 本書の意義

　以上，本書に関する主要な課題を概観した．先行研究の多くから，すでに早い段階からパートタイム労働者の抱える課題や問題点が指摘されており，これらの論点は現在にも共通する点が多い．これまで，パートタイム労働をめぐってはミクロデータを使用した実証分析や事例研究，マクロデータをもとにした政策分析などを中心に多くの研究が積み重ねられてきた．

　本書では，1960年代から約50年間を対象とし，ジェンダー規範を軸に，パートタイム労働の変遷と生活時間を研究の視座におく．具体的には，就業形態の違いと長期的な生活時間の実態からジェンダー規範について検討する．女性，とりわけ既婚女性の就業選択と，ジェンダー規範は密接に関わってきた．パートタイム労働の実態と政策の変化に着目したマクロ的な視点と，既婚女性がパートタイム労働を選択する際の制約条件である生活時間というミクロ的な視点から，既婚女性のパートタイム労働とジェンダー規範にアプローチする点が本書の特徴である．

5 ▶ 分析の視角

（1）パートタイム労働の状況変化とパートタイム労働への政策対応
　産業構造の影響により，女性が自営業主，家族従業者的な働き方から雇用者として働くようになる．女性が雇用者として働くことで，女性が家事・育児を

17

担うというジェンダー規範との葛藤が，より強い形であらわれる．これを調整したのが，パートタイム労働という働き方であると考える．

労働省婦人少年局「婦人労働の実情」によれば，「女子労働力率は昭和50年を境に基調変化をとげた」とある．高度経済成長期以降，パートタイム労働者が増加する．1970年代には，パートタイム労働は労働力不足への対応だけではなく，雇用調整の側面も持つようになる．その後，1980年代に入ると，女性の働き方に関する多くの政策が実施され始める．さらに，主としてスーパーマーケットなどでのパートタイム労働者の基幹化が進行する．そして，バブル経済の崩壊により，パートタイム労働者を含む非正規雇用が，社会問題として注目される．このように，パートタイム労働は時代にあわせて変化してきたことを，約50年間の推移から明らかにする．そのうえで，時代ごとにみたパートタイム労働の特徴とパートタイム対策の推移について検討する．

（2）生活時間とジェンダー規範

雇用形態の多様化といわれるが，出産後の育児期になると働く女性の多くがパートタイム労働を選択している．多くの女性がパートタイム労働を選び取っている背景には，本人の意思とともに，ジェンダー規範が作用していると考えられる．個人の選択とジェンダー規範は，相互に作用しながら社会の構造に影響を及ぼしている．本書では，ジェンダー規範を具体的に検討するために，生活時間を分析対象とする．

1日は全員に等しく24時間である．パートタイム労働は労働時間の選択であり，その選択は労働以外の時間配分の決定と密接にかかわっている．誰にでも平等に与えられている24時間のなかから，何時間を労働時間に振り分けるのかということは個人の選択の結果であり，その生活は時間を軸にして描くことができる．

高度経済成長期以降，女性の家事時間は減少し，雇用労働を選択する時間的な余裕が生じた．こうした余地時間を雇用労働に振り分けようとすると，労働

時間の制約が他律的に規定されているためフルタイム労働では家事・育児・介護などとの両立が難しい．フルタイム労働では労働時間を短縮できないため，女性は「好きな時間に働くことができる」パートタイム労働を選択することで労働時間を短縮する．いいかえれば，自らの労働時間を短縮するために，女性はパートタイム労働を選択する．すなわち，就業時間を社会全体で短縮するという意味での「労働時間短縮」ではなく，個人レベルでおこなう労働時間の短縮である．これが規範に対する個人の主体的な対応の結果であると考えられる．

矢野は，「個人の時間の使い方と社会秩序としての関係の理解」が重要であるとしたうえで，「個人の生活と社会変化の相互依存関係，言い換えれば，個人の選択の幅と社会秩序の拘束との関係，この普遍的な社会科学的命題をときほぐす焦点として，生活時間は格好の鍵になる」とその意義を指摘している（矢野　1995：4）．さらに，生活時間は人びとの行動選択の結果であるが，当事者が最も望ましいと考えている状態を示したものではなく，制約条件下の結果にすぎないことを述べている（矢野　1995：139）．

女性がパートタイム労働を選択するのは，他律的に規定される労働時間の選択幅をひろげるためである．さらに，その選択には，家事・育児・介護などの制約が，それを「誰が・どの程度すべきであるか」というジェンダー規範に従って決定されていると考える．

それでは，時代の変化にともない，生活時間の配分は変化しているのであろうか．この点について，上記のパートタイム労働の変化と同様，1960 年代以降の約 50 年間の推移について実態を分析し，ジェンダー規範の影響について考察する．

6 ▶ 分析対象の設定

パートタイム労働者として働いているのは女性にのみ限られたことではなく，男性パートタイム労働者も存在している．しかし，男女でパートタイム労働者

の実態は大きく異なっている.

　女性の労働力が増加傾向にあることについては，すでに多方面で指摘されている．表1-1より，2022年の男女別の労働力人口[5]，労働力人口の構成比，労働力率[6]とも男性の方が女性より高い.

　次に，従業上の地位別に構成比をみると，男女いずれも雇用者の割合が高い.
　また，表1-2より雇用形態別[7]の構成比をみると女性雇用者の半数以上が「非正規の職員・従業員」として働いており，しかもその7割以上が「パート・アルバイト」であるのに対して，男性雇用者の8割近くが「正規の職員・従業員」として働いており，「パート・アルバイト」として働いているのは，「非正規の職員・従業員」のおよそ半数である.

　すなわち，「非正規職員・従業員」として働いているのは女性雇用者が多く，さらにその就業形態でも女性の「パート・アルバイト」が最も多いことが確認できる.

　配偶関係別女性雇用者数（非農林業）の構成比は，未婚が30.3%，有配偶が57.7%，離別・死別は11.2%となり，有配偶の女性雇用者の比率が最も高い.また，就業状態をみても雇用者として働いている割合は50.8%と最も高く，有配偶女性の約5割が雇用者として働いている.

　また，総務省統計局「労働力調査」より「短時間雇用者[8]」についてみると，短時間雇用者数（非農林業）は，女性は1,275万人，男性は657万人であり短時間雇用者に占める女性の割合は66.0%と男性よりも高い.

　次に，産業別短時間雇用者数（非農林業）をみると，女性は「医療・福祉」が最も多く，次いで「卸売業・小売業」，「宿泊業，飲食サービス業」と続く.

表1-1　男女別労働力人口，労働力率，従業上の地位

	女性	男性
労働力人口（万人）	3,609	3,805
構成比（%）	44.9	55.1
労働力率（%）	54.2	71.4
従業上の地位		
構成比（%）		
自営業主	4.6	10.2
家族従業者	3.5	0.7
雇用者	91.4	88.6

（出所）厚生労働省（2023）.

第1章 パートタイム労働を理解するために

表 1-2 雇用形態別構成比（役員を除く）

（単位：％）

雇用者		女性	男性
正規の職員・従業員（正社員）		46.6	77.8
非正規の職員・従業員（非正社員）		53.4	22.2
非正社員の内訳	パート・アルバイト	42.0	11.6
	派遣社員	3.4	2.0
	契約社員・嘱託	6.5	7.3
	その他	1.6	1.3

（出所）厚生労働省（2023）.

対して男性は，「卸売業・小売業」が最も多く，次いで「製造業」，サービス業
（他に分類されないもの）となっている.

　以上から，女性雇用者の多くが「パート・アルバイト」として働いており，
さらに女性雇用者の半数以上が有配偶であること，短時間雇用者の7割近くが
女性であり，おもに「医療・福祉」や「卸売業・小売業」で働いていることが
わかる.

　一連の調査から示されるように，パートタイムの中心は中高年の既婚女性で
あることから，本書では，既婚女性のパートタイム労働者を分析対象とする.

注
1）女性労働者が本格的に労働市場へ参入しはじめた当時より，すでに経済学的な視点から
　の研究が積み重ねられており，たとえば佐野（1972），竹中（1983；1989），高橋（1983），
　篠塚（1989）などがあげられる.
2）Blossfeld and Hakim（1997），Visser（2002），Klein（ed.）（1997）など参照.
3）前身となる調査が1941〜42年にかけて実施されており，1973年にも中間調査が実施さ
　れている.
4）ハンガリーのSzalai, A. は，1964〜1966年に，12カ国について生活時間（Time Budget）
　の国際比較調査をおこなった. 詳細は，水野谷（2005）参照.
5）15歳以上人口のうち，就業者と完全失業者を合わせた人口.

6）（労働力人口／15歳以上人口)× 100 （%）.

7）雇用形態は勤め先での呼称による.

8）調査対象週において就業時間が 35 時間未満の者.

第 2 章

パートタイム労働をめぐる政策動向と課題
—— 「パートタイム労働法」から「パートタイム・有期雇用労働法」までを中心に ——

は じ め に

第1章の第3節でみたように，非正規労働者のうち最も割合が高いのがパートタイム労働者である．それにもかかわらず，パートタイム労働者の処遇に関する問題は，依然として存在している．パートタイム労働者の労働条件をめぐる法政策には，「短時間労働者の雇用管理の改善等に関する法律」(以下，「パートタイム労働法」という) があげられる．1993年に成立した「パートタイム労働法」は，2007年，2014年，2018年と3度の改正を経て現在に至っている．

本章ではまず，パートタイム労働法が成立するまでの経緯を概観する．次に，2007年の改正とその影響について述べ，「今後のパートタイム労働対策に関する研究会報告」(2011年) から残された課題と対応の方向性を確認する．そして，2014年のパートタイム労働法の改正，2018年「パートタイム・有期雇用労働法」の概要を述べる．

1 ▶ パートタイム労働をめぐる法整備

(1) パートタイム労働法の成立 [1]

パートタイム労働者に関する初めての法律である「パートタイム労働法」が制定されたのは，1993年である．しかし，それまでパートタイム労働に関する対策が全くなかったわけではない．

パートタイム労働者数の増加が始まるのは，高度経済成長期以降である．当

時の若年労働力不足を背景に，中高年主婦へのニーズが高まっていった．1964年11月に，婦人少年問題審議会婦人労働部会が，「婦人労働力の有効活用についての中間報告」をとりまとめた．そのなかで，「婦人労働力の活用」の点から，日本においてもパートタイム雇用について検討をおこなうことになった．また，1966年11月に，婦人少年問題審議会が「中高年令婦人の労働力有効活用に関する建議」を述べた．建議では，労働力としての中高年齢女性に焦点をあて，その能力の発揮が重要であると述べている．さらに，「中高年令婦人の労働力有効活用のための対策」では，「中高年令婦人の労働力化にともなう諸問題」が取り上げられている．すなわち，家庭責任を持つ既婚女性にとって，パートタイム労働は都合の良い働き方であるため日本でも増加傾向にあるとしたうえで，その労働条件が十分ではないと指摘している．

1967年12月に「女子パートタイム雇用に関する専門家会議」が設置され，1969年2月には「女子パートタイム雇用の現状と当面の諸対策について」が公表された．そのなかで「女子パートタイム雇用に関する対策の方向」が提示され，パートタイム雇用の諸条件の適正化，パートタイムを希望する女性の意識の向上や教育の充実をはかるための対策が必要であるとする．また，仕事と家庭責任についても，パートタイマーが両立できるような労働時間の調整などにも言及されている．

1969年8月には，婦人少年問題審議会において，「女子パートタイム雇用の対策に関する建議」が述べられた．建議では，パートタイマーの増加は今後も続くとの見通しを示したうえで，①パートタイマーの保護と労働条件の向上，②パートタイム雇用制度の整備について述べている．1970年1月には，婦人少年局長より「女子パートタイム雇用に関する対策の推進について」が通達され，パートタイム雇用に関する指導の方針が示された．とりわけ，「パートタイマーは労働時間以外の点においては，フルタイムの労働者と何ら異なるものではないことをひろく周知徹底する」と述べられる．この指摘は重要である．

しかし，日経連は，労働者の保護のみならず雇用促進のための配慮を要望し

た．また，1970 年に提出された東京商工会議所「労働基準法に関する意見」
では，パートタイム労働者に一般労働者とは別の労働基準を適用することを要
求した．こうした状況の下，パートタイム労働者の保護や処遇については，ほ
とんど効果をあげなかったと指摘されている（大脇　1992：125）.

　1982 年 5 月に，労働省は，パートタイムプロジェクトチームを発足させ，
1983 年 6 月「パートタイム労働対策の方向」を提出した．具体的には，① 労
働条件の明確化，② 超過勤務や年次有給休暇，③ フルタイム労働者及びパー
トタイム労働者相互間の転換の促進，④ 職業紹介等について，の提言がなさ
れている．

　また，1984 年 8 月に労働基準法研究会の「パートタイム労働対策の方向に
ついて」がとりまとめられた．そして，同年 12 月に，労働省は「パートタイ
ム労働対策要綱」を策定し，パートタイム労働者の定義が示された．また，パ
ートタイム労働者の労働条件の明確化，労働時間管理の適正化，雇用管理の適
正化などを提示し，さらにパートタイム労働に関する施策についても述べてい
る．

　しかし，パートタイム労働者をめぐる一連の課題は解決されずに残ったため，
労働省が委託した「女子パートタイム労働対策に関する研究会」が開催された．
研究会は，1987 年 10 月に「今後のパートタイム労働対策のあり方について」
をとりまとめ，そのなかで，「パートタイム労働者福祉法（仮称）」の早急な制
定が必要であるとした．

　ところが，立法制定については「当面は不要とする」という東京商工会議所
の意見書によって「法的整備に急ブレーキがかか」った（大脇　1992：127）な
どと批判されている．

　このように法律の制定には至らなかった．しかし，その後も 1988 年 12 月パ
ートタイム労働問題専門家会議による「今後のパートタイム労働対策の在り方
について（中間的整理）」が発表される．このなかで，パートタイム労働者をめ
ぐる現状と問題点が指摘された．しかし「法的整備の検討」では，「関係諸法

令についての検討を含め，引き続き検討を行うことが適当である」とされた.

1989 年 6 月には「パートタイム労働者の処遇及び労働条件等について考慮すべき事項に関する指針」（以下，「指針」という）が示された. その趣旨は，「この指針は，パートタイム労働者の処遇及び労働条件等の改善を図るために，労使をはじめ関係者が考慮すべき事項を定めたものである」とされている. また，「総合的パートタイム労働対策」が定められ，「指針」の定着や，パートタイム労働市場の円滑な需給調整を促進するため，パートタイム労働に関して講ずる施策等が述べられている.

1992 年 7 月には「パートタイム労働問題に関する研究会」が開催された. そこでは，基本的な考え方として，多様なパートタイム労働の実態を十分ふまえつつ，パートタイム労働市場を適正かつ健全に育成するという観点に立った対策を総合的に推進する必要があるとされた. このなかでは「法的整備」の必要性についても指摘されている. しかし，「対策の拡充の必要性は認めつつも法律の必要性は乏しい」，「罰則付きの法律による規制が必要である」という，2 つの意見があったことを併記しており，労使の立場の違いが明らにされていた. その後，法的整備の検討をふまえ，1993 年「パートタイム労働法」が成立した.

（2）パートタイム労働法の概要

「パートタイム労働法」は，第 1 章「総則」，第 2 章「短時間労働者対策基本方針」，第 3 章「短時間労働者の雇用管理の改善等に関する措置等」，第 4 章「短時間労働援助センター」，第 5 章「雑則」により構成されている.

この法律は，「パートタイム労働者福祉法（提案）」の基本的枠組みを受け継いだものであり，パートタイム労働者を福祉面からサポートするという趣旨を持っていた（水町　2018：34）.

まず，「パートタイム労働法」の目的として，短時間労働者がその有する能力を有効に発揮することができるようにし，もってその福祉の増進を図ること

第2章 パートタイム労働をめぐる政策動向と課題

を示している．加えて，その実現のために，適正な労働条件の確保および教育
訓練の実施，雇用管理の改善，職業能力の開発に関する措置などが掲げられて
いる（第1条）．

また，この法律における「短時間労働者」とは，1週間の所定労働時間が同
一の事業所に雇用される通常の労働者の1週間の所定労働時間に比べて短い労
働者と定義されている（第2条）．なお，事業主の責務が定められているが，努
力義務である（第3条）．

さらに，短時間労働者対策基本方針（第5条），労働条件に関する文書の交付
（第6条），事業主が講ずべき雇用管理の改善等のための措置に関し，その適切
かつ有効な実施を図るために必要な指針（第8条），報告の徴収並びに助言，指
導及び勧告（第10条），職業訓練の実施等（第11条），国による，雇用情報の提
供，職業指導及び職業紹介の充実等必要な措置を講ずるように努めるものとす
る（第12条），などが定められた．

しかし，「パートタイム労働法」制定後も，パートタイム労働者の処遇や労
働条件が大きく改善することはなく，実効性が十分であったとは言えなかった．

（3）パートタイム労働法の改正の概要と課題

① 2007年の改正の概要[2]

1993年に「パートタイム労働法」が制定されたが，パートタイム労働者の
処遇改善のために使用者が求められる措置は努力義務規定であった．その後の
「指針」の改正，パートタイム労働に関する研究会および労働政策審議会での
議論などを経て，2007年に「パートタイム労働法」が改正された（以下，「2007
年改正法」という）．2007年改正法では，「通常の労働者との均衡のとれた待遇の
確保等を図ること」，「それぞれの能力等を十分に発揮できるような就業環境の
整備」を目的として掲げている．

改正のポイントとしては以下の5点をあげる．

27

① 労働条件の文書交付等による明示の義務化，説明義務の新設

② 差別的取り扱いの禁止

③ 通常の労働者との均衡のとれた待遇の確保

④ 通常の労働者への転換推進措置

⑤ 苦情の自主的解決および紛争解決の援助

　特に，「パートタイム労働者」のうち，「職務の内容」「人材活用の仕組みや運用」「雇用契約期間」の3つの要件を満たすものを「通常の労働者と同視すべき短時間労働者」と定義し，差別的な取り扱いの禁止を規定している．また，「通常の労働者と同視すべき短時間労働者」に該当しない場合にも，「均衡待遇」が求められた．

　このように，2007年改正法については差別的な取り扱いの禁止や均衡待遇について大きく前進している．他方，差別的取り扱い禁止に該当する「通常の労働者と同視すべき短時間労働者」は適用範囲が限定され，「均衡待遇」についても限定的であったといえよう．

　2011年2月，厚生労働省において「今後のパートタイム労働対策に関する研究会」が設置され，報告書が公表された．そこでは，パートタイム労働者の公正な処遇確保，パートタイム労働者が能力を発揮する社会，パートタイム労働者の多様な就業実態や企業の雇用管理制度等をふまえた対応を掲げている．そして，① 差別的取り扱いの禁止，② 均衡待遇の確保，③ 待遇に関する納得性の向上，④ 教育訓練，⑤ 通常の労働者への転換の推進，⑥ パートタイム労働法の実効性の確保などについて課題として指摘している（厚生労働省　2011）.

　このように積み残した課題について，次の法改正に向けてどのような方向性が示されたのだろうか．

② 2014年の改正の概要[3]

　2014年に再び「パートタイム労働法」が改正された（以下，「2014年改正法」

という）．厚生労働省は今回の改正について，2007年の法改正によってパートタイム労働者の雇用管理が改善されたことについて一定の効果を評価しつつも，パートタイム労働者のより一層の均等・均衡待遇の確保や納得性の向上が必要となっていると述べている（厚生労働省　2015）．

　前回の改正から今回の改正に至る背景には，少子高齢化の進展，就業構造の変化などによる短時間労働者の増加があげられる．「パートタイム労働法」の対象となる「パートタイム労働者（短時間労働者）」にあたるかどうかは，パートタイマー，アルバイト，契約社員など呼称にかかわらず，第2条の要件である「内容の説明」にあてはまれば適用される．

　2014年改正法のポイントは，大きく以下の3つに分けることができる．

　　①パートタイム労働者の均等・均衡待遇の確保
　　②パートタイム労働者の納得性を高めるための措置
　　③パートタイム労働法の実効性の確保のための措置，である．

〈1〉パートタイム労働者の均等・均衡待遇の確保

　今回の改正では，「短時間労働者の待遇の原則」の新設（第8条），「通常の労働者と差別的取り扱いが禁止されるパートタイム労働者」の対象範囲の拡大（第9条）となった．

〈2〉パートタイム労働者の納得性を高めるための措置

　パートタイム労働者を雇い入れた時の事業主による説明義務の新設（第14条第1項），パートタイム労働者からの相談に対応するための体制整備の義務の新設（第16条）があげられる．

〈3〉パートタイム労働法の実効性の確保のための措置

厚生労働大臣の勧告に従わない事業主の公表制度の新設（第18条第2項），虚偽の報告などを行った事業所に対する過料の新設（第30条）であるが，いずれも，勧告の実効性を高め，違反した場合の行政指導の実効性も図れるものである．

2014年の改正では「待遇の原則」が新設されたこと，差別的取り扱いの禁止対象範囲が拡大したことが重要である．パートタイム労働者をめぐる状況が変化する下での2007年，2014年の2度の改正は，課題は残されているものの大きな意味を持っていた．

③パートタイム労働法からパートタイム・有期雇用労働法へ（2018年[4]）

2018年6月に成立した「働き方改革関連法」を受け，「パートタイム労働法」は「短時間労働者及び有期雇用労働者の雇用管理の改善等に関する法律」（以下，パートタイム・有期雇用労働法という）へと改正された．この法律では，パートタイム労働者と有期雇用労働者の双方が対象となった．また，通常の労働者とパートタイム労働者及び有期雇用労働者との均等・均衡待遇の確保を推進することが目指されている．

第2条では，短時間労働者，および，有期雇用労働者の定義が示されている．法の対象者となる「短時間労働者」であるか否かは第2条をふまえて判断され，「パートタイマー」「アルバイト」「契約社員」など名称は問わない．

今回の改正では，以下の3点が主な変更点である．

〈1〉不合理な待遇の禁止（第8条）

「通常の労働者」とパートタイム・有期雇用労働者間の不合理な待遇を禁止している．

待遇差が不合理と認められるかどうかの判断は，個々の待遇ごとに，「当該待遇の性質及び当該待遇を行う目的に照らして適切と認められるものを考慮」

することが明確にされた.

〈2〉通常の労働者と同視すべきパートタイム・有期雇用労働者に対する差別的取り扱いの禁止（第9条）

　対象となるのは，通常の労働者と職務の内容および職務の内容・変更の範囲（人材活用の仕組みや運用など）が同じであるパートタイム労働者・有期雇用労働者である.

〈3〉事業主が講ずる措置の内容等の説明：説明義務の新設（第14条第2項）

　第2項に「説明の義務」が新設された. パートタイム労働者・有期雇用労働者から求められたとき，事業主はそのパートタイム労働者・有期雇用労働者と職務の内容，職務の内容・配置の変更の範囲などが最も近いと事業主が判断する通常の労働者と比較して説明することが必要となる.

　こうした一連の改正がパートタイム労働者・有期雇用労働者の処遇改善にどの程度影響を及ぼすのかを注視していく必要があろう.

2 ▶ 残された課題

　以上のように，成立当初から実効性の限界を指摘されてきた「パートタイム労働法」であるが，2007年，2014年の改正では評価できる点も多い. また，2018年の「パートタイム・有期雇用労働法」は，有期雇用労働者も対象となり，差別的取り扱いが禁止された.

　しかしながら，依然としてパートタイム労働をめぐっては，① 雇用条件の問題，② 処遇格差の問題，③ ジェンダー規範の問題が残されている. パートタイム労働者の雇用条件が改善されるためには，まず雇用として良好な機会であることが前提である. その上で，具体的な雇用条件の改善が求められる. 正規労働者とパートタイム労働者の賃金格差に対しては，「同一労働同一賃金」

も導入された（厚生労働省　2018a）．また，近年の労働力不足によりパートタイム労働者への労働需要は高まっており，ここ数年，最低賃金も上昇傾向にあるが，たとえ賃金があがったとしても，「雇い止めがある」などの不安定雇用という側面が解消されたわけではない．

　今後，労働市場が流動化することは避けられないとすれば，失業のリスクの高い労働者への政策的対応が必要である．この点については，2024年5月に雇用保険法が改正され，被保険者の加入要件のうち週所定労働時間を「20時間以上」から「10時間以上」に変更し，適用対象を拡大することが決定した[5]．短時間雇用者にもセーフティーネットが広がることは重要である．

　次に，ジェンダー規範が重要である．序章では，多くの既婚女性がパートタイム労働を選択している背景には，ジェンダー規範が存在していると指摘した．現状では，パートタイム労働は多くの既婚女性が「仕事と家事・育児」を両立させるための選択肢となっている[6]．本来パートタイム労働（短時間労働）とは，男女労働者にとっての働き方の選択肢のひとつである．それにもかかわらず，女性の労働者が集中的に選択するのは，個人的な選択としてだけではなく社会的な要因が関わっていると考える．その1つがジェンダーの規範の存在である．いうまでもなく，雇用条件の改善は重要な課題ではある．だが，その一方で女性の多くがパートタイム労働にとどまり続けることで女性の経済的自立が達成されず，さらにはパートタイム労働の処遇格差も改善されない要因にもつながりかねない．

　それでは，どのような政策が必要となるのであろうか．この問いに答えるためには，どのような経緯で，女性が仕事と家庭を両立するための選択肢となったのかを検討する必要がある．次章では，女性のパートタイム雇用の推移とその政策について，労働省（現厚生労働省）「婦人労働の実情」の記述を手がかりに，1950年代から2010年までの約50年間を振り返る．

注

1 ）パートタイム労働法の成立過程については，松原（1994），大脇（1992），を参照した．

2 ）阿部（2014），水町（2018），両角（2008），を参照した．

3 ）阿部（2017），厚生労働省（2015），櫻庭（2015），労働法令協会（2015），を参照した．

4 ）厚生労働省（2023），島田（2018），水町（2018），労務行政研究所編（2023），を参照した．

5 ）施行期日は 2028 年 10 月 1 日とされている．

6 ）ジェンダー規範と働き方については，第 4 章で議論する．

第 **3** 章

既婚女性のパートタイム労働：実態と政策の推移
―― 「婦人労働の実情」を題材として ――

はじめに

　非正規雇用者の増大にともない，さまざまな課題が注目されている．パートタイム労働に焦点をあててみると，主として既婚女性が仕事と家庭を両立させるための，あるいは企業の雇用調整弁としての役割を担ってきた．確かに，パートタイム労働は，さまざまな意味での調整役を果たしてきた．基幹的な労働力という役割さえ担っている．パートタイム労働が担ってきた役割は，時代によりその政策的位置づけが異なってきたのではないか．これが本章の問題意識である．

　労働省婦人少年局「婦人労働の実情」では，1967 年に初めて「パートタイマー」という言葉が，目次の中に登場する．当時，企業がパートタイム労働者を雇用する最大の理由は，「若年労働者の人手不足」であった．高度経済成長期以降，パートタイム労働者は，経済的な背景に影響を受けながら増加する．1980 年代に入ると，女性の働き方に関する政策が実施され始める．また，主としてスーパーマーケットなどで，パートタイム労働者の基幹化が進行する．パートタイム労働は，労働需要側のニーズと，労働供給側である既婚女性の働き方のニーズを調整しながら，どのように変化してきたのだろうか．

　本章では，1950 年代から 2010 年までの，労働省婦人少年局「婦人労働の実情」の記述を手がかりに，女性パートタイム労働者の実態の推移と，パートタイム労働をめぐる政策の変遷に着目する．「婦人労働の実情」を取り上げるのは，この年次報告書では，当時のさまざまな統計調査などを用い，女性の労働に関

する資料としてまとめられている．つまり統計から時代の推移が描かれており，また，当時の女性の雇用はどのような状況であったのか，どのような対策が実施されてきたのか，がみてとれるからである．そして，時代によりパートタイム労働の持つ意味合いが異なっていたことを示し，その特徴を明らかにする．

1 ▶「パートタイム労働」の定義

　労働省婦人少年局（以下，労働省という）「婦人労働の実情[3]」が最初に刊行されたのは 1952 年であり，「動きつつある働く婦人の現状を統計的に明らかにするために編纂したもの」であるとしている（労働省　1953：はしがき）．以下，「婦人労働の実情」の記述を検討することにより，既婚女性を中心に当時のパートタイム労働の実態と政策の変遷を振り返る．

　なお，パートタイム労働者の定義は調査により異なっている．たとえば，① 週就業時間が 35 時間未満の労働者（総務省統計局「労働力調査」），② 1 日の所定労働時間，又は 1 日の所定労働時間が一般の労働者と同じでも 1 週の所定労働日数が当該事業所の一般労働者よりも短い従業員（厚生労働省「毎月勤労統計調査」），③ 1 週間の所定労働時間が同一の事業主に雇用される通常の労働者の 1 週間の所定労働時間に比し短い労働者（「パートタイム・有期雇用労働法」），④ 就業の時間や日数に関係なく，勤め先で「パートタイマー」又はそれらに近い名称で呼ばれている者（総務省「就業構造基本調査」），⑤ 常用労働者のうち，フルタイム正社員より 1 日の所定労働時間が短いか，1 週間の所定労働日数が少ない者（厚生労働省「就業形態の多様化に関する総合実態調査」），など複数の定義がある．本章では，各年の「婦人労働の実情」における取り扱いに従うものとする．

（1）パートタイム労働の出現　1950 年代から 1960 年代を中心に
① 女性労働者の生活
　1950 年代半ばから始まった高度経済成長期は日本の女性労働にも大きな影

第3章│既婚女性のパートタイム労働：実態と政策の推移

響を与えた.⁴⁾「女性の労働力率は，昔から高かった」という傾向を確認する.
たとえば，1952 年「婦人労働の実情」によれば，女性就業者数は 1,586 万人
であり，女性の生産年齢人口（14歳以上女性人口）の 52%が就業していた．従業
上の地位の内訳をみると，自営業主が 13.4%，家族従業者が 62%，雇用者は
24.6%と，家族従業者が中心であった．

さらに，雇用者は 391 万人，雇用者総数に占める女性の割合は 28%であっ
た．就業している産業としては，製造業が最も多く 157 万人であり，うち紡織
業に従事している者が 70 万人に達している．

女性雇用者の平均年齢は 23.8 歳（男性32.5歳），女性雇用者の 76%が 25 歳未
満であり，勤続年数が 3.2 年（男性6.6年）と圧倒的に，若年未婚女性が中心で
あった．女性雇用者に占める有配偶者の割合は 12%であった．こうした状況
について，「家庭の主婦が安心して働くためには，家庭生活の合理化，職場施
設や社会施設の拡充」が必要と指摘されている（労働省　1953：8）.

では実際に，雇用者はどのような生活を送っていたのだろうか．ここでは，
労働省婦人少年局「婦人労働者並びに労働者家庭婦人の工場外生活時間調査」
が引用されている．それによると，1950 年の雇用者の生活構造には，男女で
大きな違いがある．女性の生活時間を中心にみれば，「家事」2 時間 40 分（男
性33分），「収入のため」9 時間 18 分（男性9時間48分），「交際教養娯楽」2 時
間 27 分（男性4時間1分），「睡眠・食事・身支度など」9 時間 35 分（男性9時間
38分）となっている．家事と収入のための合計時間を計算すれば，女性は 11
時間 58 分，男性は 10 時間 21 分となり，女性がより長時間働いている．また，
女性雇用者の家事時間が，男性の約 5 倍にあたることを指摘している（労働省
1953：7-8）.

収入のための時間が 9 時間を超えていたことからもわかるように，既婚女性
の主たる働き方は「パートタイム（短時間労働）」ではない．すなわち，必ずし
もパートタイム労働が既婚女性の働き方という発想はない．女性も，男性と同
じ雇用者としてとらえられている．そのため，家事負担が大きい既婚女性は，

37

労働力として企業からは避けられることを意味している．実際，夫がいる女性のうち職場で働いているものは，8.2％にすぎなかった．このように，既婚女性の職場進出が進まない要因として，結婚によって家事労働の負担が重くなることをあげている．

　また，既婚女性は管理的職業や専門的技術的職業に従事する者が男性に比べて少なく，それは「慣習上」の理由とともに，勤続年数が短いため「熟練労働者となることをはばんでいる」と指摘する．翌年には，「女子雇用者の特性」として，さらに具体的に述べられる．すなわち，① 日本の女性雇用者は動きやすく不安定な性格を持ち，政治・経済の情勢の変動を容易にうけてきたこと，② 職場に長くとどまらない，年齢も若い，教育程度も低い，ことから管理的職業，専門的技術的職業についている女性の数が男性に比べて少数である．さらに，「家庭における女子の家事や育児の責任も働く婦人に特殊な問題」として解決が求められており，これは「婦人の地位」とも大きな関連を持っていることが指摘される（労働省　1954：14-6；1955：11-2）．

　実際，1955 年の女性雇用者の実労働時間は，1 日平均 8 時間（男性 8.2 時間）であり，出勤日数も 23.5 日（男性 24 日）と男女間で大きな差はみられない（労働省　1956：39）．

　1956 年には，初めて女性の非農林業就業者数が，農林業就業者数をうわまわり，雇用者数も 500 万人台を突破する．また，就業分野もひろがっている．製造業が対年増加数において第 1 位となり，特に紡績業などは約 65％が女性労働力である（労働省　1957）．女性雇用者の増加傾向は続き，雇用者総数に占める女性の割合も，29.5％（1957 年）から 30.4％（1958 年）へと伸びている（労働省　1958；1959）．前述した女性の職業上の地位に関連する記述として，製造業において男性と比べて女性の技能養成工が少ないことをあげ，「婦人が熟練度の高いすぐれた労働力となるためには，このような点にもまだ問題が残されているようです」（労働省　1959：21）とある．この間，女性の職業教育ともいえる課題に注目している点は興味深い．

第3章｜既婚女性のパートタイム労働：実態と政策の推移

　ここまでみる限りでは，既婚女性の労働者は男性労働者と同等の働きを期待されており，短時間就労やパートタイムという選択肢が用意されていたわけではないといえる．1957年の製造業における女性労働者の労働時間を見ても，総実労働時間数は192.9時間（男性207.9時間），出勤日数は23.5日（男性24.1日）であり男性労働者と大きな差はない．

　では，既婚女性とパートタイム労働が結びつけられて考えられるのはいつからなのだろうか．

② 女性雇用者の特徴

　1959年の「婦人労働の実情」の「はしがき」では，「質的な面から見ても，女子雇用者の年令，勤続年数が一般に年を追って伸び，有配偶者が増加している」ことが指摘されている．また，「労働市場状況」のなかの「パートタイマー」という項目では，「簡易職業紹介により家庭の主婦などを短時間雇用するいわゆるパートタイムに働く女子の数は年々増加の傾向をたどっています」とする．職種別で，最も多いのは「技能・半技能・単純技能職業」が半数以上，次いで「書記的・販売的職業」が3割強，「奉仕的職業」などが1割強である．さらに東京都の調査を引用し，女子パートタイマーの半数以上が家庭の主婦であること，平均年齢も35歳と高くなっていることを示している（労働省1960：31-2）．

　さらに，大規模事業場における臨時工の増加が著しく，「電気機器，機械製造業などの産業にこれら不安定な労働者層である臨時工の比重がたかまってきていることは見逃せません」と指摘している（労働省　1960：16）．

　1960年「婦人労働の実情」においては，若年層の求人難と，中高年齢層での就業難等が課題として取り上げられる（労働省　1961：はしがき）．この年の女性就業者の従業上の地位別割合は，自営業主が15.3％，家族従業者が47.7％，雇用者が36.9％である．また，女性雇用者の増加が続いていることも指摘されており，女性雇用者数は668万人，雇用者総数に占める女性の割合は

30.5％であった．産業別にみた女性雇用者の増加の中心は製造業であり，女性雇用者の増加総数 52 万人のうち 28 万人が製造業であった．数と増加率の両方において，製造業で働く女性が，他産業に比べて最も大きな増加を示した．これは戦後初めてのことであった（労働省　1961：12-19）．

　就業者では，高年齢や既婚の女性が多く働いているが，雇用者では，若年未婚者が多い．たとえば，女性雇用者の平均年齢は 26.3 歳（男性 32.8 歳）であり，女性の 54.5％が勤続 3 年未満で辞めている．配偶関係では未婚者が全体の 65％を占め，若年未婚型を示していた（労働省　1961：29-31）．女性が学校を卒業後に，職場で働くことは珍しくなくなっている．しかし，その多くは結婚すると家庭に入る．こうした女性の働き方について，「このような働く婦人のあり方が男子と異なるさまざまの特性を生みだし，それがまた婦人の労働条件や，職場における地位などに大きな影響を及ぼしていることは見逃すことができません」と，女性が働く際の課題について言及している（労働省　1961：29）．

③ パートタイマーの状況

　1959 年にひきつづき，女性パートタイマーの記述もみられる．「簡易職業紹介により家庭の主婦などを短時間雇用するいわゆるパートタイマーの女子」である．女性パートタイマーの就職先は，「技能・半技能，単純技能職業」が最も多く 48％を占めている．また，「書記的・販売的職業」が 40％，「奉仕的職業」が 11％，「自由専門的および管理的職業」は 0.3％であった．このように，パートタイマーの約半数が「技能・半技能，単純技能職業」に就いている．パートタイマーと関連の深い働き方として，「臨時工」があげられるが，従来，金属機械関連の大企業で新規学卒者以外の若年男性を臨時工の主な対象としていたが，その多くが本工に昇格したため人員不足となったこと，軽工業部門では，本工の労働力を補うために中年女性を臨時工として採用したことが述べられている．

　また，当時の求人難を背景に，「製造関連産業部門の企業がパートタイマー

第3章｜既婚女性のパートタイム労働：実態と政策の推移

を常用工または臨時工の代用として採用している事情が意外に多い」と述べている（労働省 1961：48-9）.

④ パートタイマーという言葉

パートタイマーという言葉は，1954年，大丸百貨店が東京店を開店する際に使われた．この時，約250人のパートタイマーを採用したのが始まりである．具体的には，1日3時間以上，週6日勤務可能な者を対象として募集した．勤務時間については，4種類の勤務時間の中から選択できるようになっていた．短時間勤務かつ時間給制である．この点で，正社員とは全く異なる勤務条件の新しい働き方であった（筒井・山岡 1991：97）.

実際，1954年9月19日付，朝日新聞（東京 夕刊）の社会面の広告欄を見てみると，「お嬢様の　奥様の　三時間の百貨店勤め」「だいまる東京店　パートタイムの女子店員募集」という募集広告が掲載されている．そして，「お嬢様の　奥様の」というフレーズからも，若い女性および既婚女性を対象としていることがうかがえる．

現実は，応募者およそ7,000人のうち，採用されたパートタイマーの多くが20歳前後の若年層であった．主婦は1割程度であり，かつ30歳代前半の若い層だった（筒井・山岡 1991：98）.

これは，現在のパートタイム労働者の属性とは異なっている．つまり，当初はパートタイム労働者といえども，必ずしも現在のような既婚女性が中心の働き方とはならなかったのである．

⑤ 人手不足と労働力としての既婚女性

その後，高度経済成長期に入り，若年労働力不足が生じる．そこで，既婚女性が労働力として改めて注目され始める．それは，「婦人労働の実情」の中にしきりと出てくる，「労働力給源の転換」という表現にあらわれる．一方で，女性の中高年齢層の就職難が顕著になる．25歳以上はすでに「中年層」に属

41

し，就職が困難となっていた．女性の求人の55％が24歳未満を対象としており，企業側は若年層を念頭においていた．しかし，進学率の上昇などにより，新規学卒者の採用が困難になるにつれて，既婚女性が注目されるようになる．

女性の就職率を年齢別にみると19歳以下が高く，20～24歳，25～29歳では減少する．しかし，30歳以上では再び就職率が上昇し，40歳以上では男性よりも高くなる．この要因は，男女での職種の差にあると指摘する（労働省　1962：57-9；1963：59）．しかし，女性の中高年齢層の就職率は若年層に比べて低い．その理由として，① 人口の老齢化による中高年齢労働力の供給過剰，② 終身雇用を前提とした年功序列賃金体系，③ 女子を短期的回転労働力として求めている，④ 一般的に若年層に比較して職務に対する適応性に欠けている，などをあげている（労働省　1964：58）．

すでに見たように，パートタイマーと関連の深い働き方として「臨時工」があげられる．この時期の特徴として，従来は金属機械関連の大企業で新規学卒以外の若年男性を臨時工の主な対象としていたが，その多くが本工に昇格したため人員不足となったこと，軽工業部門では本工の労働力を補うために中年女性を臨時工として採用した結果であると述べられている（労働省　1962：3）．

こうした人手不足がその後も続く．求人難が厳しくなったため，若年層から中高年齢女性への需要が相対的に高まり，産業によってはパートタイム雇用の採用にも影響を及ぼしている（労働省　1963；1965：1）．

女子雇用者の具体的な変化としては，次のように述べている．すなわち，未婚の若い女性が多く単純労働に従事し，勤続年数も短いのが特徴であった．こうした特徴には変化はないが，① 産業の高度成長にともなう雇用の増大，② 若年労働力の不足，③ 物価騰貴の家計に及ぼす影響，などをあげ，中高年齢層の増加を指摘する．そして，「女子雇用者の年令構成の色分けが徐々に変わってきている」と，かつての若年中心から中高年齢層へ幅が広がりつつあることを述べる（労働省　1965：18-9）．

具体的には，非農林業でも有配偶が優勢となったが，女性の若年層に対する

第3章｜既婚女性のパートタイム労働：実態と政策の推移

求人難は解消しない．したがって，これらの労働力不足をおぎなうための「給源として家庭の主婦が注目」されてきており，中小企業において中高年婦人の進出が大きいことを指摘する．また労働力不足を補うために最近パートタイム雇用がかなりおこなわれてきており，主婦がその大きな割合を占めていることが推測されている（労働省　1965：33）．さらに，労働省婦人少年局「パートタイマーに関する調査（予備調査，1964年）」では，調査対象事業所で雇用している労働者のうちパートタイマーは5.6％とわずかであるが，そのうち90％は女性である．女性パートタイマーの平均年齢は36.0歳で，大部分が既婚者であるとし，就労の動機が「家計の補助」（37.4％）や「子供の学費を得るため」（24.3％）などの経済的理由を挙げる者が多いことを述べている（労働省　1965：35-6）．

⑥女性雇用者への関心

1965年の「婦人労働の実情」のはしがきでは，労働市場の変化に対して，次のように述べている．すなわち，新卒労働市場の需給がひっ迫し，労働力不足が生じている．その結果，既婚女性の職場進出が進むが，女性は母性と家庭責任に関連する課題に直面している．既婚女性の雇用労働化は進んでいることから，女性労働について社会も再認識する必要がある，と（労働省　1966：はしがき）．ここでは，1965年において，すでに既婚女性の職場進出と，「母性と家庭責任」に現れる女性労働者の特性を指摘している．さらに，「女子雇用者中，中高年令層の割合が一層高まり，パートタイム雇用に対する関心が高まってきている」とパートタイム労働についても言及している（労働省　1966：1）．

1965年の女性雇用者数は873万人で，雇用者総数に占める女性の割合も31.4％と伸びた．従業上の地位別に見ても，雇用者の割合が46.4％に上昇している．このように，就業者の中でも雇用者が増加し，第三次産業の増勢も，ひきつづき高まってきていることが指摘されている．さらに，女性雇用者に占める中高年齢層も，約3人に1人にまで増加する．既婚女性も女性雇用者の35％を占める．

43

こうした点については,「若い,未婚者というイメージは急速に変わりつつあり,職場に年令的多様性があらわれてきている」とし,日本の女性雇用が欧米型に近づいているとも述べる（労働省　1966：2）.既婚女性の労働力率が日本よりも高い欧米と比較しながら,日本の労働力不足を補うために既婚女性に期待していることがうかがえる.中高年の既婚女性が注目されることで,パートタイム労働への下地が準備されてきたといえよう.

さらに,「女子雇用者の特性」の項目では,前述の中高年女性の職場進出とともに,「職業を一生の問題とする形があらわれている」と述べられている.ここで「職業を一生の問題とする形」とは,働くことが結婚前の一時期に限られたものではなく,結婚退職後も各自の条件にあわせて職場復帰し,生涯働くことを意味している.つまり,あくまでも,これまでの女性の雇用者としての働き方は「結婚するまで」であった.その後,一生のなかで職業に直面する機会が増加してくる.しかし依然として人生を通じて雇用者となり継続的に働くということは念頭におかれていなかったといえる.実際に,増加しているとはいえ,非農林業雇用者のうち有配偶者の占める割合は35％であり,全既婚者のなかで雇用者となるのは,まだ15％にすぎなかった（労働省　1966：19-23）.

⑦ パートタイマーの労働時間

一方で,「労働力不足を補うための給源として家庭の主婦が注目されており」,「今後労働力給源としての家庭の主婦の重要性はますます増すものと推測される」と,若年労働力不足の現状に対して「家庭の主婦」への関心は高い（労働省　1966：35）.そのうえで,「これらの主婦の働きやすい型として労働時間の短いパートタイム制が雇用の中に定型化すると考えられる」と,パートタイマーの見通しが示される（労働省　1966：38）.

1965年に,労働省婦人少年局により8大産業について「パートタイム雇用調査」が実施され,その結果が紹介されている.労働力不足をカバーするために近年パートタイマーを雇用する事業所が増えてきているが,女性パートタイ

第3章│既婚女性のパートタイム労働：実態と政策の推移

マーを雇用している事業所は，調査対象事業所の10.1％と，まだ少ないこと
を示す．また，1966年に実施された「製造業における女子パートタイム雇用
調査」も紹介されている[6]．それによれば，女性パートタイマーの年齢層は，35
歳から39歳の層が27.1％と最も高く，30歳から44歳の層で全体の65％を占
めている．配偶関係をみても，有夫者が87.5％と大部分を占め，離死別者を
あわせるとほとんどが既婚者であった．さらに子どもがいる者は67％，その
多くは小学生以上の児童であったことが示されている（労働省　1966：38-40）.
このように，パートタイム労働が既婚女性の働き方として形づくられつつあっ
た．

　ただし，パートタイム雇用の定義や定型はないことから，労働時間がフルタ
イマーとあまり差がないものも含まれていた[7]．労働時間は，1日6〜7時間と
いうのが最も多く，週6日働く者が全体の約半数を占めていた．

　産業により違いはあるにせよ，女性雇用者の労働時間は長い者が多い（労働
省　1966；1967）．現在でも存在する長時間のパートタイマー（フルパート）の特
徴がうかがえる．また，労働時間の長さを考えると，仕事と家庭責任の両立と
いう課題が生じると思われる．しかし，それをサポートするという制度や政策
は見当たらない．いったいこの時代のパートタイム労働者はどのような存在で
あったのだろうか．

⑧ 家庭責任への視点

　1967年には，「パートタイム女子雇用者」という言葉が項目に現れた．その
項目では「最近の人手不足に対応して，パートタイマーとして就業する家庭の
主婦が増加しており，パートタイム雇用が大きく脚光をあびてきた」と，パー
トタイム労働について述べており，労働省婦人少年局「パートタイム雇用調査
（1967年2月）」から調査結果を示している．女子パートタイム雇用制を採用し
ている事業所は，500人以上規模では34.9％と最も多く，次いで100〜499人
規模の26.9％である．産業別では卸小売業（21.9％），製造業（18.0％），不動産

45

業（16.4％），サービス業（16.4％）となっており，いずれの規模，産業においても大きく伸びている（労働省　1968：21-2）.

　さらに，1968年のはしがきでは，母性と家庭責任，女性労働者の就業に関する社会環境など，女性労働に関する問題が注目されていることに言及している（労働省　1969：はしがき）.女性労働者の問題が，かつての男性と同様の期待をされる労働者から，母性と家庭責任をもつ女性労働者の問題として焦点があてられはじめたことが，この時代のひとつの特徴といえる.

⑨多い内職希望者

　1969年では，女性無業者の意識調査に注目する.総理府「労働力調査特別調査」（1968年）によれば，女性無業者1,899万人のうち何らかの仕事につきたいと希望する者は434万人，その希望する就業形態をみるとその28.3％が「短時間勤務でやとわれたい」と望んでいる.最も希望者が多いのは，「自宅で内職」の39.3％である（労働省　1970）.

　これは，現在よりも性別役割分業に対する考え方が強固であった時代の調整策として，雇う側は短時間就業（パートタイム労働）に活路を見いだしていた.しかし，パートタイム労働といえども，実際の労働時間は長かったため，既婚女性にとってはパートタイムであったとしても，働きに出るにはまだハードルが高かった.すなわち，この時代のパートタイム労働の働き方は，現在のフルタイム労働に近い性格をもつものだったのではないだろうか.そのため，仕事と家庭責任との両立を考えた場合は，かつての自営業主や家族従業者のように職住接近型の仕事を希望したと考えられる.

⑩まとめ

　1950～60年代は，さまざまな働き方が混在しており，徐々に雇われて働くことへの実態が形成されていったと言える.具体的な特徴としては，①パートタイム労働が既婚女性の選択肢として形作られてきた時期であったこと，

第3章｜既婚女性のパートタイム労働：実態と政策の推移

② パートタイム労働が，必ずしも短時間労働を意味していなかったこと，
③ 女性の希望する就業形態としては，内職の希望者が多かったこと，があげ
られる．この時代のパートタイムについては，労働需要側である企業のニーズ
が中心となっていたといえよう．では，どのようにしてパートタイム労働が既
婚女性の間で広く普及するようになるのだろうか．次に1970年代について検
討する．

（2）パートタイム労働の定着　1970年代を中心に

①「短時間就業」という働き方

さらに，総理府「労働力調査特別調査」や労働省「雇用動向調査」の結果を
示しながら，「短時間就業女子入職者」は30歳以上層が全体の60.5%を占め
ており，中高年層を中心に増加していると指摘する[8]（労働省　1970：25）．

では，なぜ女性は短時間就業を希望するのだろうか．前述の，総理府「労働
力調査特別調査（1969年3月）」によると，女性無業者（1,899万人）のうち，何
らかの仕事に就きたいと希望する者は22.9%（434万人），その28.3%（123万
人）が，「短時間勤務で雇われたい」と望んでいる[9]．そして，短時間勤務を希
望する理由として「育児などのため長時間家を留守にできないから」が全体の
半数以上（53.2%）を占めており，次いで「余暇を活用したいから」（28.2%），
「手軽な仕事がのぞめるから」（7.3%）等となっている．また，「短時間勤務で
雇われたい」と希望する者の割合を年令階級別に見ると，15〜24歳（11.4%），
25〜39歳（65.9%），40〜54歳（19.5%）である（労働省　1970：28）．

つまり，無業者で就業意欲を持っている者のうち約3割が短時間就業を希望
しており，その理由は育児などのためをあげている．これは，パートタイム労
働が「短時間就業」の選択肢として，家庭責任との調整としての意味を持ち始
めてきたといえよう．

1970年では，「女子パートタイム雇用調査」（1970年婦人少年局実施）を取り上
げている．それによれば，「女子パートタイマー」[10]を雇用している事業所は

47

28.8%で，1967年調査時の15.9%に比べて割合が高まっていることが示される．産業により差はあるが，具体的には，医療業，製造業，卸売・小売業，などで多い．さらに，女性パートタイマーを雇用している事業所では，女性雇用者のうちパートタイマーの占める割合は全産業で12.4%となっている．産業別では，製造業14.4%，卸売・小売業12.4%，運輸通信業9.0%などである．また，女性パートタイマーの44.1%が「組立，機械加工，検査」などの製造作業に，36.1%は「包装荷造，清掃，雑役」などの単純作業に従事している．全体でみると，「事務，販売，専門的職業」についているパートタイマーは少ないと指摘されている（労働省　1971：35-6）．

②就労形態の多様化の兆し

　1973年の第1次オイル・ショックを受けて雇用調整が実施され，一時休業や残業の規制もともなって，労働時間は短縮傾向が続く．1974年の女性雇用者も1,171万人と，1950年以降の増加傾向から一転し減少した．

　しかし，女性パートタイム労働者は増加傾向にあった．たとえば，「家庭婦人の職場進出の増大にともなって，近年，パートタイム就労の女子雇用者の増加が著しい」とあり，非農林業女性雇用者数を週間就業時間別にみると，週35時間未満の短時間就業者数は，1974年では184万人となった．これは，1965年（42万人）の4倍以上の増加であり，この間の女性雇用者の増加率を上まわる伸びを示している．雇用者中に占める比率をみると，1965年の5.3%から16%に上昇しており，こうした傾向は続く（労働省　1972：1973：1974）．ちなみに，総理府「就業構造基本調査」（1974年）より女性無業者の就業希望状況をみると，就業希望者のうち39%が短時間で雇われたいと望んでおり，増加傾向が続く．また，短時間勤務を希望する者のうち，25〜34歳層が40%を占める．次いで，35〜44歳（28%），15〜24歳（15%）と，家事・育児の負担の大きい年齢層の者が多い．そして，「就労形態の多様化」についても述べている．すなわち，女性の就業パターンを，①短期未婚型，②継続就業型，③再就職

第3章｜既婚女性のパートタイム労働：実態と政策の推移

型，④中高年新規参入型に分けている（労働省　1975：10）．この時代は，③再
就職型，④中高年新規参入型を中心に，パートタイム労働の広がりと結びつ
きながら，女性の働き方が変化していったといえよう．また，女性の就業に関
する法整備として，1972年には「勤労婦人福祉法」が制定されている．

③パートタイム雇用対策

　1974年に，新たに「パートタイム雇用対策」という項目が立てられた．そ
こでは，パートタイム労働に対する需要の増加と，既婚女性における供給の増
加が指摘される．また，使用者側の雇用管理の問題，労働者側の就労業意識の
問題がみられるなどと，問題の所在も認識しており，パートタイマーの「職業
紹介体制の整備」をめざし，以下の5つについて述べている．

> ①パートタイム求職者の多い主要公共職業安定所に，パートタイマー専
> 　門コーナーを設置すること．
> ②大都市における一般の利用に便利なターミナル等に設置している「ター
> 　ミナル職業相談室」においてパートタイマーの職業紹介を行うこと．
> ③パートタイム就労希望者に対して，家庭責任との両立を図りつつ，能
> 　力と適性を有効に発揮できるための指導及び講習会を開催すること．
> ④事業主に対して受け入れ体制の整備及び労働条件の適正化の指導を行
> 　うこと．
> ⑤求職の「通信受付」，求人の「電話受付」を行うこと

の5点である（労働省　1975：20）．

④家庭責任と働き方

　1974年のはしがきでは，「国際婦人年」についてふれられており，男女平等
の理念が，注目されている時期ではあったが，主として既婚女性のみが「家庭
責任」を抱えながら，パートタイム労働を選択することに対する問題関心はほ

49

とんどみられない．「家庭責任」は女性にあることが前提としてとらえられて
おり，対策についてもパートタイマーの職業紹介など需要側の立場に沿った形
にとどまっている．もっとも，当時は，国民の意識としても性別役割分業が支
持されていた．そのため，既婚女性がフルタイムで働くことを当然とはしてい
ない．フルタイムで働くのであれば「仕事も家庭責任も」である．

　「家庭生活との調和のための主な措置」（労働省　1975：20）として，保育所や
育児休業が取り上げられたのもこの年である．しかし，そこで期待される女性
の役割は変化していない．こうしたなかで，女性が雇用される際の働き方はや
はり「短時間就業」，「パートタイム」となる．つまり，雇用されて働くという
ことが，多くの場合にはフルタイムを意味しない．したがって，多くの既婚女
性が雇用者として働こうとすれば，自らが労働時間を短縮するより他に選択肢
がなかったといえる．1969 年には 11.7％であった短時間雇用者は 1970 年には
17.4％へと増加する．

　⑤ パートタイム労働者増加の背景
　また，この時期の女性雇用者は製造業が中心であったが，職種に変化がみら
れた時期でもあった．1975 年では，「Ⅱ　長期的に見た婦人労働の動き」のな
かで，「製造業における男子の就業分野への女子の進出」について取り上げら
れている．それによれば，女性労働者の多い分野が，従来の製糸・紡績作業者
から，電気機械器具組立・修理作業者，金属加工および一般機械組立・修理作
業者などへと変化した．その理由について，労働省婦人少年局「女子労働者の
就労状況の変化に関する調査」（1969 年）にて検討している．たとえば過去 3 年
に男性が就いていた仕事に女性を配置した割合は，製造業事業所で 22％であ
り，このうち 18％までが生産現場へ女性を新たに配置している．男性から女
性へ変更した理由として，「男子の仕事の一部を分けて女子がやれるようにし
たから」が最も多いが，その他「機械化等により女子でもできるようになった
から」，「最近女子が能力的に向いていることがわかったため」，「男子が採用で

きないからその代替として」等が大きな理由としてあげられている．とりわけ，技能工生産工程作業では「機械化等により女子でもできるようになった」，「男子が採用できないからその代替として」，「女子の方が賃金がやすい」，などの理由が目立っている（労働省 1976：8-9；1977）．

ここから，これまでは繊維工業で中心的に働いていた女性労働者が，同じ製造業のなかで，男性労働者と代替されていく様子がうかがえる．

1979年版では，パートタイム労働者の増加要因について述べられている．需要側の要因として，第三次産業を中心に，繁閑に応じた雇用形態が必要とされていることがあげられている．ここでは，初めて労働需要の変動に適したパートタイム労働者の増加について言及されている．さらに，パートタイム労働者の採用理由も，高度経済成長期とは異なってくる．高度経済成長期には「人手不足」，「若年労働者が採用できない」が主な理由であった．しかし労働省「雇用管理調査」（1979年）によると，パートタイム労働者の採用理由としては，「人件費が割安となるため」をあげる企業が最も多いが，「1日の忙しい時間帯に対処するため」，「季節的繁忙のため」といった理由をあげる企業も増え変化がみられる．

また，供給側の要因として，1979年に実施された商業労連の「パートタイマー・アンケート報告」から以下の点を指摘する．①女子パートタイマーの約70%が一般従業員への登用を希望していない．その理由としては，一般従業員になると「勤務時間が長いから」ということをあげる者が多いこと，②パートタイマーになった理由としては「勤務時間が自分の都合に合ったから」が最も多くなっていること，である．

さらに，総理府「就業構造基本調査」により，女性無業者の就業希望を「希望する仕事の形態別」に取り上げている．それによると，1968年には「家庭で内職をしたい」が277万人で，就業希望者中42.8%を占め最も多く，次いで「短時間勤務で雇われたい」が197万人（30.4%），「ふつう勤務で雇われたい」は73万人（11.3%）であった．これに対して，1977年には「短時間勤務で

雇われたい」が375万人で倍近くに増加した．なお，「家庭で内職をしたい」
は247万人，「ふつう勤務で雇われたい」は113万人となっている．短時間勤
務を希望する者の年齢階級別割合をみると，25〜34歳層が39.5%を占め，次
いで35〜44歳層（27.2%），15〜24歳層（14.5%）となっている．家事・育児の
負担の大きい年齢層の者が多数を占めている（労働省　1978 ; 1979）．

　以上より，この十年余りで，女性の希望就業形態が「内職」から「短時間就
業」にかわったことがわかる．この背景として，内職に比べてパートタイム労
働の賃金が高くなったこと，女性が外で働くことに対する考え方が変化してき
たこと，パートタイムの求人数が多いこと，などが考えられる．いずれにして
も，女性が雇用されて働くことが定着し始めたといえよう．

⑥パートタイム労働者の「身分」

　1979年版ではパートタイムの労働条件については，「終身雇用慣行が一般的
である我が国の企業の中では，パートタイム就労は雇用が不安定であったり，
賃金・その他の労働条件面で一般労働者と異なる取り扱いが行われる場合があ
る」との指摘もされている（労働省　1979 : 13）．

　また，「パートタイム雇用対策」の項目では，「パートタイム雇用については，
一時的雇用とみる傾向が事業主の間に根強いが，身分的な区分ではなく，短時
間就労という1つの雇用形態であり，労働時間以外の点においては，フルタイ
ムの労働者と何ら異なるものではない」との問題意識も見受けられる．そのう
えで，パートタイム労働者の処遇改善をめざした政策の方向性が示される（労
働省　1979 : 29 ; 1980 : 31）．

　ここで重要な点は，「身分的な区分ではない」こと，「労働時間以外の点にお
いては，フルタイムの労働者と何ら異なるものではない」こと，が明記されて
いる点である．すなわち，パートタイム労働者が増加し，女性雇用者の多くを
占める段階において，「労働時間以外はフルタイムの労働者と異ならない」と，
「均等待遇」ともいいかえられるような表現がなされていることである．もち

ろん,「婦人労働の実情」のなかで,「一般労働者と異なる取り扱いがある」という現実は認識しているものの,「身分ではない」と示していることは重要である.

⑦ 注目される女性の雇用

高度経済成長期に比べると,企業側の採用理由も「人手不足」から,「コスト削減」や「雇用調整が容易」,「繁忙期の対応」という理由へと変化する.また,短時間勤務を希望する者の理由は,「育児などのため」が半数を超え,次に「余暇を活用したいから」と続く.

この時期の女性にとっては,雇われて働くということと家庭責任を果たすことの両方が課題として生じてくる.そして,性別役割分業を前提とした規範のもとで,短時間就業がより一層家事・育児との両立手段としての意味合いを持つようになってきたといえよう.女性の家庭責任の重さは変わることなく,既婚女性がフルタイムで働くという選択肢は依然として限られていた.

⑧ まとめ

1970年代は,① パートタイム労働が質的にも量的にも変化と増加を続けた時期であること,② 女性の働き方が希望と現実の両面において「内職」から「短時間就業」へと変化したこと,③ パートタイムに対する視点が「労働時間以外はフルタイムと異ならない」と表現され,この限りにおいて「均等待遇」に近いものとされていたこと,の3点が指摘できる.

この時代に雇われて働くということは,一部の限られた女性を除いて,とりわけ既婚女性の場合には,フルタイムで働くことを意味していない.「婦人労働の実情」で,保育所や育児休業制度が取り上げられてはいるものの,求められる女性の役割に変化はみられない.その結果,仕事をするのであれば,家庭責任をおろそかにしないことが前提となる.そして,家庭責任を果たすために,多くの女性がパートタイムを選択する.さらに,公的な両立支援の政策は少な

いためフルタイムを選択することは難しい．こうして，労働供給側である既婚女性のニーズに沿いながら，パートタイム労働が広がっていったといえよう．

（3）パートタイム労働の展開　1980年代を中心に

①パートタイム労働対策と継続就業への関心

　パートタイム労働者の量的な増加を受け，少しずつ雇用政策も拡充しはじめる[11]．「婦人労働の実情」における，パートタイム労働者の記述分量も増加してくる．また，1985年「雇用の分野における男女の均等な機会及び待遇の確保等女子労働者の福祉の増進に関する法律」（以下，「男女雇用機会均等法」という）が制定され，「女性の継続就業」にも関心がよせられる．

　「短時間雇用者の状況」によれば，非農林業の女性の短時間雇用者は256万人となった．産業別の分布をみると，製造業，卸売業・小売業，サービス業などに就労している（労働省　1981：4）．

　他方，「勤労婦人対策の概況」のなかでは，最初に「雇用における男女平等」が取り上げられる．女性労働者の著しい増加と役割の広がりにともない，女性労働者の職場における処遇について，男女平等という視点からも具体的な方針が示される．

　それでは，パートタイム労働については，どのような対策がなされていたのだろうか．具体的には，①労働条件等についての実態把握，②パートタイム労働者の保護と労働条件の向上を図り，企業の雇用体系の中に正しく位置づけられ，近代的パートタイム雇用が確立されるよう，労使をはじめ社会一般の指導，啓発，③労働関係諸法令は，パートタイム労働者に対しても，適用されることについての周知徹底，④労働条件の適正化，雇用管理の改善，職場環境の整備等の指導，⑤公共職業安定所にパートタイム職業紹介を取り扱う窓口を設置するとともに，主要大都市にターミナル職業相談室を設け，パートタイム就労を希望する婦人に対する，適切な職業紹介，相談・指導，などがあげられている（労働省　1980；1981）．

第3章｜既婚女性のパートタイム労働：実態と政策の推移

　ここでは，短時間就労という形態について，処遇の適正化や労働条件の確保が記述されている．しかしその内容は，法令遵守と職業紹介に重点がおかれ，既婚女性が短時間雇用を選ぶ背景への関心は見られない．また，育児休業については，すでに1970年代の「婦人労働の実情」のなかでも言及されていたが，継続就業との視点からも述べられるようになる．

　たとえば，出産後に継続就業を希望していても，現実には育児のために退職する女性雇用者がいる．そのため労働省は，「勤労婦人福祉法」にもとづいて育児休業の促進を図るための指導をおこなっていた．また，育児休業についても，その有効性を指摘している．これまであまり注目されなかった，いわゆる「継続就業型」の女性雇用者にも関心が向けられている．そして，いったん離職すると再就職が難しいという現状への対策として，育児休業制度を評価する（労働省　1980；1981）．

　その後，パートタイム雇用者も増加傾向が続き，「ライフサイクルと雇用労働」という項目の中で，以下のように述べられる．35歳以上の女性雇用者の増加は，仕事を結婚までの短期間とする従来の女性の就業パターンが変化したものである．そしてこの変化は，労働需要の増加，出生児数の減少，家電製品の普及等による家事の軽減，高学歴化など，女性の生活の変化によって生じ，それは世代によって差がみられる，とする（労働省　1982：14）．

　また，「結婚，出産，育児と雇用労働」という項目では，既婚の女性雇用者の増加，育児が一段落したのちの再就職者の増加を指摘する．さらに，「勤務を続ける者」も多くなっていると，就業形態の多様化にも言及する（労働省　1982：20）．

　いずれも，35歳以上の既婚女性の雇用者に着目し，仕事が結婚までの短期間であった時代から，就業形態の多様化が生じていることを認識している．しかし，既婚女性の中心的な働き方は，フルタイムの継続就業ではなく，パートタイム労働として再就職するのが中心である．では，なぜ既婚女性はパートタイム労働者として働いているのだろうか．

55

② 既婚女性が働く理由

　総理府「労働力調査特別調査」(1981年) から，女性パートタイム労働者の就業理由が検討されている．それによると，「生活費を得るため」(60.3％) が過半数を占め，次いで「自分又は子供の学資を得る」(12.6％)，「余暇をいかす」(7.9％) の順になっている．また，労働省「雇用動向調査」(1982年) における，女性パートタイム労働者として入職した者の就業動機をみると，「家計の補助」(55.4％) が過半数を占め，「生活水準の向上」(15.4％)，「余暇の活用」(12.0％) の順になっている．これらより，総理府「労働力調査特別調査」において，「生活費を得るため」と回答している者の多くは，家計補助的であると考えられる (労働省　1983：38)．

　1970年代には，パートタイム労働は経済的な理由だけでなく，余暇活用の側面も一定の位置を占めていたが，1980年代には，多くが経済的な理由で働きに出ている．ただし，多くは家計補助である．さらに総理府「就業構造基本調査 (1983年)」では有配偶の女性有業者の就業内容が示される．そこでは，家庭との両立を図りながら，仕事を従として働くものが多いという結果が示される．就業希望者が希望する就業形態をみると，過半数が「パート・アルバイトの仕事をしたい」である．他に約4分の1が「家庭で内職をしたい」であるが，「正規の職員・従業員として雇われたい」は少ない (労働省　1983：34-5)．すなわち，多くが「パート・アルバイト」，「内職」を希望しており，「正社員」を希望する者は少ない．

③ パートタイム労働という選択肢

　さらに，パートタイム労働者の増加については次のように述べられる．「仕事を従として働く主婦層のニーズと，パートタイム雇用機会の増大といった需要側の要因の適合が，主婦層の就業の増加をもたらす背景となっている」(労働省　1983：36) と，いずれも，既婚女性が家庭との両立を図りながら仕事をすることについて焦点があてられており，「仕事を従として」働かざるをえない

第3章│既婚女性のパートタイム労働：実態と政策の推移

ことに関する視点はない.

　また，パートタイム労働に従事する女性の属性が，総理府「労働力調査特別調査」(1981年) により紹介される. 年齢別には35～44歳 (43.2%)，45～54歳 (23.2%) で，3分の2を占め，これに55歳以上 (9.1%) を加えると35歳以上の年齢層がおよそ4分の3に及ぶ. その割合は，女性雇用者全体 (35歳以上の割合は53.4%) よりもかなり高い. 配偶関係別にみると，有配偶者が85.9%と大部分を占めている. パートタイマーの中心は育児の負担が軽減された家庭の主婦層となっている，と指摘する (労働省　1983：38).

　いいかえると，年齢も高く，仕事と育児との両立の問題が大きくは生じない条件下で，働きに出ているといえよう. ただし，当時のパートタイマーの労働時間は1日6時間，月間労働日数は1ヵ月で22日と長い (労働省　1983：46). すなわち，パートタイム労働者といえども，必ずしも「短時間」ではなく，かつ出勤日数も多いことがわかる. また，1970年代までと比べると，パートタイム対策も実施されてきてはいるが，労働時間，労働日数は，大きくは変わらない. 働きに出る必要にせまられているが，中高年齢層の主婦にとっては，家庭状況や年齢からみてもいわゆるフルタイム (正社員) として働くことは難しい. そのため，事実上，パートタイム労働しか選択肢が存在しない. また，主たる家計維持者ではなく，主婦として「家計補助」であるという側面も重要である.

④ 女性有業者の生活時間

　生活実態からみた，女性有業者の特徴も明らかにされる. 1983年版には「女子労働者の生活時間」という項目がたてられる. 総理府「社会生活基本調査」(1981年) より，女性雇用者の平日と日曜日の1日の生活時間を取り上げており，仕事時間と家事・育児時間の差について検討している. 平日の週間平均就業時間数別にみると，平日では短時間就業層ほど家事・育児時間が長いために，15～34時間就業者層と49～59時間就業者層との仕事や家事・育児などの

57

義務的な活動である 2 次活動時間数の差は 30 分強に過ぎないことを指摘する（労働省　1983：49-51）.

　ここから，短時間就業者は，仕事時間を減らした分を家事・育児時間にあてている可能性が考えられる．つまり，家事・育児のために仕事時間を減らしているのであり，パートタイム労働が仕事と家庭の両立のための選択肢になっているといえる.

　⑤職業と家庭責任の両立
　では，増加を続けるパートタイム労働者への対策としては何がなされてきたのか．「パートタイム労働対策」の項目からは，労働条件の確保として，労働条件の明確化，大都市地域からの試行的な「雇入通知書」のモデル様式の策定，「職業紹介，職業相談」や「パートバンク」の設置等があげられている.

　また，労働時間対策に力を入れ始めている時期でもあるが，「婦人の職業と家庭責任の両立を図るうえでも，労働時間短縮により労働環境の整備が進むことが望ましい」とし，労働時間短縮も主要な目標として掲げられている（労働省　1983：61-2）.

　ここまでみる限りでは，政策的にも「短時間就業」＝「家庭責任との両立」という視点は変化しておらず，実態もそれを裏付けている．既婚女性が働くとすれば，パートタイム労働が現実的な選択となってくる．ただし，現在と比較すれば，ライフサイクルの違いからくる側面もみられる．たとえば，子どもの数が減ることで育児期間が短縮される．また，平均寿命の伸長や家事負担の軽減により，40〜44 歳層が労働市場へ再び参入していることを指摘する（労働省 1984：20）.

　既婚女性が，家庭責任を中心として生活を組み立て，その残余時間を仕事にふりわけるとすれば，ジェンダー規範を見直す必要はない．この時代は，「仕事と家事・育児」において，ジェンダー規範に雇用労働を適合させながら両立していたと考えられる.

第3章｜既婚女性のパートタイム労働：実態と政策の推移

⑥ 女性の就業意識

女性の就業と育児についての問題意識はさらに続いて述べられている．たとえば，内閣総理大臣官房広報室「婦人の就業に関する世論調査」(1983年) を示し，「女性が長く働き続けるのを困難にしたり，障害になると考えられること」として，「育児」をあげた者が65.1％で最も多い．また，年齢別では若年齢層になるほど「育児」をあげた者が多いとし，「育児」と就業との関係を取り上げる (労働省 1984：43-4)．「女子が長く働き続けようとする場合」の「長く」が，継続就業型をあらわしているのか，再就職型をあらわしているのかは明確ではないが，少なくとも，かつて述べられていたような「女性が働くのは人生の一時期」という見方は変化しているといえよう．

⑦ 女性パートタイム労働者の状況

1983年の女性短時間雇用者の産業別割合は，卸売・小売業が最も多く (35.6％)，サービス業 (27.8％)，製造業 (22.2％) の3産業が中心となっている．1973年と比べると，産業構造の変化を反映して，製造業のウエイトが低下し，卸売・小売業，サービス業など第三次産業のウエイトが高くなっていることが示されている (労働省 1984：52-3)．産業構造の変化にともなって，パートタイム労働者が第三次産業で多く働いていることが明らかである．

また，女性パートタイム労働者の平均年齢は41.7歳であり，一般労働者35.2歳に比べて約7歳高い．さらに，配偶関係については有配偶者が85.9％と大部分を占めるなど，「女子パートタイム労働者は，35才以上の家庭の主婦がその主体を占めている」とある (労働省 1984：54)．

パートタイム労働者は，子どもの手が離れた既婚女性を中心に，第三次産業に従事しているのが特徴である．

⑧「パートタイム労働対策要綱」の策定

1985年版では，女性労働力率の上昇について，出生率の低下，住宅や土地

の購入による負債比率の高まりや追加所得の必要性について注目している（労働省　1985：29）．特に，家計については項目としても取り上げられ，「40歳台（ママ）における住宅ローン，教育費等の家計負担の増大が女子の就業率の上昇をうながしていると考えられる」と，女性の就業と家計補助の具体的な内容についてまとめている（労働省　1985：54-5）．

　次に，パートタイム労働対策についてはどのようになっているのであろうか．項目として「パートタイム労働対策の推進をはじめとする女子の就業パターンの多様化に応じた施策の推進」とされており，「女子の就業パターンの多様化」という文言があげられている．

　「パートタイム労働対策の推進」としては，とりわけ1984年12月に「パートタイム労働対策要綱」が策定されたことが重要であるとし，対策としてはこれに基づき，① 労働条件の確保，② 職業紹介，雇用相談等，③ パートタイム労働旬間の実施，等を掲げている（労働省　1985：86-7）．パートタイム労働者が引き続き増加傾向にあることをふまえた「パートタイム労働対策要綱」にそった対策であるが，特に女性の家庭責任に関する視点はみあたらない．

　⑨「男女雇用機会均等法」の成立と2つの方向性

　1986年版になると，「婦人労働の実情」にも少しずつ変化がみられる．「男女雇用機会均等法」が成立したことをふまえ，女性雇用に関する政策にも，これまで以上に多様性が求められることとなる．つまり，増加する従来からのパートタイム労働者と，男性と同等の働き方をする正社員の2つに対する政策の方向性が求められる．「婦人労働の実情」においても，「婦人労働の構造的変化」として詳細な分析がなされている．

　⑩ パートタイム労働者のさらなる増加

　また，「パートタイム労働者の就業の状況」についても詳しく述べられている．就業分野については，「卸売・小売業，飲食店」，「サービス業」，「製造業」

の3産業で86.5%を占めることをあげている．そして，1975年に比べると
① 産業構造の変化を反映して，製造業の割合が低下していること，② 女性短
時間雇用者が増加しており，特に「卸売・小売業，飲食店」で約3割を占める
までになったこと，③ 第三次産業で働く者が6割を超えたことなど，第三次
産業への参入について確認している．そして，35歳以上の者が8割近くを占
めること，女性パートタイマーは，35歳以上の家庭の主婦がその主体を占め
ていると，主婦パートタイマーの，さらなる増加についても指摘する（労働省
1986：70-2）．

　婦人労働対策では，「婦人の地位向上」や，「男女雇用機会均等法」関連の施
策が上位にあがってくる．パートタイム労働対策に大きな変化はみられないが，
「女子労働者の就業に関する環境条件整備の推進」において，「女子再雇用制度
の普及促進」の状況が示され，「パートタイム雇用・労務管理改善研究会」が
設置されている（労働省　1986：89-91：1987：90）．

　1988年版では，年間就業日数または週間就業時間が，相対的に短くなって
いることを示している．これは，製造業中心からサービス産業への就業者が増
加したことや労働時間短縮政策などが，その背景にあると考えられる．さらに，
子どもをもつ有配偶の女性有業者でも，特にパート・アルバイトが増加してい
ること，末子が小・中学生では雇用者に占めるパート・アルバイトの割合が過
半数を占めていることを指摘する．他方，末子が乳幼児の場合はパート・アル
バイトの割合は3割と低くなっている．末子が学校に入ると，パート・アルバ
イトとして働きに出ることがわかる（労働省　1988：69）．ここでも，子どもの
年齢が学齢期に達した後に，「家事・育児との両立」を図るために，パートタ
イムを選択していると述べている．既婚女性にとっては，パートタイム労働が
家事・育児との両立のための選択肢となっている状況が認識されている．

　パートタイム労働者が増えるにつれ，企業にとってもその重要性が増してく
る．パートタイム労働対策として，「パートタイム労働者の特性に配慮した，
パートタイム労働者の雇用・労務管理の適正化，その改善のための研究を行っ

ている」（労働省　1988：81）とパートタイム労働者への関心は高まっていた.

　1989年版では，「女子雇用者の就業形態」の特徴について，非正規労働者の増加を取り上げ，契約・登録社員，派遣社員等，パートタイム労働者以外の働き方にも視点をひろげる．さらに，労働省「就業形態の多様化に関する実態調査」（1987年）からみると，女性労働者の就業形態別構成比は，正社員が70.1％，正社員以外の非正規労働者は29.9％となっている．非正規労働者の合計を100とすると，その内訳はパートタイム労働者が最も多く，75.7％である（労働省　1989：14）．また，総務庁「就業構造基本調査」（1987年）によれば，「卸売・小売業，飲食店」，「製造業」，「サービス業」の3産業において，パートタイム労働者の占める割合が際立って高くなっている（労働省　1989：30）．

　これらを総合すれば，パートタイム労働者の特徴として，①非正規労働者の中で最も多い雇用形態であり，②年齢は35歳以上が中心で，③3つの産業に集中していることが示される.

⑪ 既婚女性の生活と働き方の多様化

　他方，「家庭との両立」というパートタイム労働者の位置づけには大きな変化はみられないが，「男女雇用機会均等法」を意識した記述が増えてくる．たとえば，「Ⅱ　女子の就業と家庭」では，家庭責任の多くを女性が負っている現状が，有配偶女子の就業継続を困難にすることもあると指摘する．また，「女性差別撤廃条約」をふまえた「社会及び家庭における男子の伝統的役割を女子の役割とともに変更すること」の重要性も認識しており，理念としては男女間の性別役割分業の変更もあげられている．しかし，具体的な部分では，就業や家庭生活における実態を複数の調査から示してはいるものの，就業形態と性別役割分業の変更に関する議論に直接結びつくものは見受けられない.

　他方，女性の就業パターンについては，女性の就業状態の多様化が提示される．すなわち，女性の就業パターンを，①結婚・出産・育児期も就業を継続する者（継続就業型），②結婚・出産・育児等を理由としていったん就業を中断

してその後再び就業する者（再就業型），③ 結婚・出産・育児等を理由として仕事を辞め，そのまま就業しなくなるもの（非就業型）の３つに区分している（労働省　1989：41-4）．

さらに，有配偶女性の生活時間について，総務庁「社会生活基本調査」（1986 年）より紹介している．ここでは，女性の週間就業時間を，35 時間以上と 35 時間未満に区別して，女性の生活時間の使い方について紹介している．そして，週間就業時間が 35 時間未満の妻は，仕事時間を短縮した分を主として家事，育児，買い物の時間に当てているという傾向が示されている．これは，先に見た 1983 年版で紹介されていた傾向と大きく変わらない．また，夫（有業者）の生活時間配分について，妻の有業・無業による大きな違いはみられないとする．依然として男女間の性別役割分業は維持されていることがわかる（労働省　1989：50-1）．

「Ⅲ　婦人労働対策の概況」に目を向ければ，① 西暦 2000 年に向けての婦人の地位向上のための啓発活動の展開，② 雇用における男女の均等な機会と待遇の確保対策の推進，③ 女子労働者の出産・育児に関する環境条件の整備，④ 女子の就業に対する援助の推進，と続く．「男女雇用機会均等法」や「行動計画」をふまえて，「労働者の出産・育児に関する環境条件の整備」があがっていることは，その後の両立支援政策の本格的な展開につながる端緒であるといえよう．

パートタイム労働対策の推進については，「指針」の制定を受けてその内容が説明されている．また，「総合的パートタイム労働対策の推進」にも言及され労使等への啓発指導が述べられる．さらに，パートタイム労働者に対する雇用保険の適用拡大も行われた（労働省　1989：68-78）．

⑫ まとめ

以上，1980 年代の「婦人労働の実情」について，パートタイム労働の概況と対策を中心にたどってきた．そこからは，① 自営業主，家族従業者が中心

であった1960年代以降，既婚女性のパートタイム労働者が増加し，1980年代にはその割合が大きくなってきたこと，② しかしながら，パートタイム労働が「仕事と家庭責任」の両立のための選択肢である側面は変化しないこと，③ 労働時間が短縮傾向にあること，④「国際婦人年」や「男女雇用機会均等法」の影響により，男女平等の理念を中心に外部要因にも影響されながら，継続雇用者への言及がみられること，が確認できる．

　男女平等の理念と，差別的な取り扱いが残る現状との狭間で，働く女性への就業支援政策に関心がよせられ，実施されていく．とりわけ，女性の継続就業者への注目と，さまざまな両立支援政策が展開されることとは対照的に，パートタイム労働対策については大きな変化はみられない．さらに，「労働者派遣法」が制定され，派遣労働者や契約社員を含む非正規雇用者の問題が取り扱われるようになる．

　この時代は，ようやく未婚女性の継続就業にも焦点があたり，その働き方に変化がみられる．一方，既婚女性についてはパートタイム労働が中心であり続け，フルタイムとの処遇の差などについては注目されることが少なかった．また，女性の役割については，「仕事と家事・育児の両立」にのみ議論が集中する．長時間労働の傾向にあった男性の家事・育児の責任は理念にとどまり，実効性を持って変化をすることはなかったといえる．

　また，フルタイム労働という働き方が女性の雇用形態として再度登場してくるが，それは，パートタイム労働という働き方とは独立したものと位置づけられる．既婚女性の多くは，ライフサイクルのなかで，フルタイムかパートタイムかという問題に向き合う．しかし，その2つの選択肢は関連付けられることなく，別々に立ち上がってきたものと認識されていたと考える．このことは，女性のフルタイムの継続雇用者に対する政策が注目されるようになったこととは対照的に，パートタイム労働対策が大きくは変わらないことにつながっていったのではないだろうか．

第 3 章｜既婚女性のパートタイム労働：実態と政策の推移

（4）パートタイム労働の変容　1990 年代を中心に

① 女性雇用者の増大と労働力不足

1990 年代に入っても，女性雇用者の増大傾向は続く[12]．

1990 年版「Ⅱ　女性がいきいきと働くための環境——現状と課題——」では，女性が出産・育児期に就業を中断することなく，働き続けるための環境整備が必要であるとする．そして，「継続就業型」の女性の働き方を中心に，「男女雇用機会均等法」とのかかわりで取り上げられている．ただし，女性の家庭責任が前提となっている（労働省　1990：38）．この時期の特徴として，労働力不足があげられる．正社員のニーズも高まり，さらに「男女雇用機会均等法」が追い風となって，女性の雇用へも影響を及ぼすこととなった．

② 少子化への関心

「晩婚化の進行と出生率の低下」も項目としてあがる．すなわち，女性の初婚年齢が 1960 年の 24.4 歳から，1989 年の 25.8 歳と 1.4 年高くなったこと，1989 年の合計特殊出生率が 1.57 と過去最低であったことが指摘される（労働省 1990：45-6）．これまでも，文章中に「出生率の低下」が言及されることはあったが，この年は晩婚化とともに項目として取り上げられている．他にも「少子化の原因」や「家族機能の変化」，「乳幼児の保育」，「保育所」など幅広く目配りされるようになる．「1.57 ショック」を背景に，少子化という課題が顕在化する．

③ 「男女雇用機会均等法」と女性正社員への期待

「男女雇用機会均等法」施行後の企業の雇用管理の変化については 27 ページを割いており，「女性正社員」への関心の高さをうかがわせる．とりわけ，「働く女性の育児に関する今後の課題」のなかでは，幼い子どもを持つ女性雇用者が，家庭責任と仕事との調和を図りながら働くために，また，女性労働力活用の側面からも女性が働きやすい環境整備の必要性を指摘する（労働省　1990：

65

83). 他方，「パートタイム労働対策の推進」については，基本的に，これまでの施策と比較して大きな変化はみられない．

④ パートタイム労働への評価

1990年代に入り，共働き世帯（妻も夫も非農林業雇用者）は，年々増加する．1991年版の「婦人労働の実情」，「Ⅱ　女子の再就職とパートタイム労働」では，再就職と再雇用を中心にかなりのページを割いている（労働省　1991：34-75）．そこでは，女性が再就職する際の就業形態が多様化していることが述べられる．彼女たちの多くは，家庭責任を果たすためにパートタイムを選択している，と指摘する．そのうえで，パートタイム労働を労働者側と企業側のニーズにあった「一つの好ましい就業形態」として評価する．同時に，パートタイム労働者とフルタイム労働者との労働条件の格差や，パートタイム労働者の基幹的労働への広がりへの対応などを，検討課題としてあげている．

さらに，労働省「パートタイム労働者総合実態調査」（1990年）より，女性がパートタイムで働いている理由は，① 自分の都合のよい時間に働きたいから（58.9%），② 勤務時間・日数を短くしたいから（31.7%），③ 家事・育児の事情（23.1%），などが多い．そして4番目に多かった理由が「正社員として働ける会社がない」が（17.5%）であったことをふまえ，「消極型の選択は少数となっている」と，パートタイム労働を選択する者の多くがみずからパートタイムを選択していることを指摘する（労働省　1991：40）．

⑤ 女性の希望するライフスタイル

ところで，この年代の女性のライフスタイルは，どのように変化したのだろうか．1991年度版では，総理府「女性の就業に関する世論調査」（1989年）の結果を引用して，以下のように述べられる．すなわち，① 女性が生涯にわたる生活のなかで就業のあり方として最も望ましいと考える就業パターンは「再就業」であること，② 再就業する際には，「パートタイムで働くことが望まし

第3章│既婚女性のパートタイム労働：実態と政策の推移

い」をあげる者が最も多くなっていること，である（労働省 1991：61-2）．女性の就業のあり方は，おおむね希望と現実が一致していたことがわかる．

⑥ 変化するパートタイム労働と課題

他方，働き方の中身は少しずつ変化してくる．たとえば，就業分野をみると，製造業から第三次産業へとシフトしつつある．年齢構成も高まり，勤続年数も長期化の傾向が指摘されている．他方，1日当たりの所定内実労働時間数は6時間，実労働日数は1ヵ月あたり22日となっており，この間に大きな変化はみられない（労働省 1991：62-3）．

「今後のパートタイム労働について」では，パートタイム労働が大きく変容していることが述べられる．変容の具体例として，スーパーマーケットにおける専門職制度や，紳士服・婦人服小売業での店長への抜擢などの事例をあげ，「専門的・技術的職務・管理的職務等従来パートタイム労働者があまり就いていなかった新たな就業分野への進出がみられるようになっている」と指摘する．また，「パートタイム労働者の事業活動における役割を企業がどのように考えているか」を取り上げ，パートタイム労働者の基幹化の傾向を示す（労働省 1991：70）．

さらに，「まとめ」では，パートタイム労働者の仕事内容が多様化していることから，パートタイム労働者の雇用管理に注目する．そのうえで，女性の再就職やパートタイム労働をスムーズにおこなうためにも，「男女間の役割分担意識の是正等について社会全体が考えていく必要があると考えられる」と，「性別役割分担意識の是正等」の課題にふれる（労働省 1991：74-5）．

他方，「Ⅲ 婦人労働対策の概況」にある，「パートタイム労働対策の推進」では，「パートタイム労働指針」の制定とともに，「総合的パートタイム労働対策」を中心に取り上げている．パートタイム労働者に対する政策は，おもに労働条件の確保や雇用管理についての対策が中心である．フルタイム労働者については「育児休業法」や「介護休業制度」が言及されているのに対して，パー

67

トタイム労働者の仕事と家庭責任の両立支援という視点はない．パートタイム労働は家庭責任を果たすために自発的に選択された働き方であるとされるが，依然として選択の背景にあるジェンダー規範についての問題意識はみられない（労働省　1991：83-6）．

⑦ パートタイム労働の状況

　1992 年版では，女性の短時間雇用者の増加と，平均勤続年数の長期化を指摘する．産業計では，平均勤続年数が 4.6 年となり，10 年間で 1.3 年伸びている．また，女性パートタイム労働者の 1 日当たりの所定内実労働時間数は 5.9 時間，月間実労動日数は 21.2 日である．産業別では，あまり大きな変化は見られない．さらに，所定内実労働時間をみると，5.5 時間以上 6.5 時間未満の者（25.6%）が最も多く，全体の 60% 以上が 6.5 時間未満である（労働省　1992：33-4）．

⑧ パートタイム労働対策

　「総合的パートタイム労働対策の推進」においては，以下の 6 つが掲げられている．すなわち，① パートタイム労働者の労働条件の確保，② パートタイム労働者の雇用の安定，③ パートタイム労働者の雇用管理改善に向けての指導・援助，④ パートタイム労働者の中小企業退職金共済制度への加入促進，⑤ パートタイム労働者の能力開発の推進等，⑥ パートタイム労働に関する啓発活動の実施，である（労働省　1992：89-92）．フルタイム労働者に対する，「仕事と家庭」の両立支援政策などの充実に比べて，パートタイム労働者の両立支援の側面はなく，雇用管理などが中心である．

⑨ 女性雇用者の生活時間

　1993 年版では，女性労働者の仕事と家庭責任の配分について，総務庁「社会生活基本調査」（1991 年）により，女性雇用者について紹介している．特に，

短時間就業層の，家事，育児，買い物時間の長さが顕著であると指摘する．さらに，共働き夫婦においても妻の家事負担が大きい状況が詳述される（労働省1993：30-2）．

ここでは，生活時間に着目し，女性雇用者を週間就業時間別で比較している．週間就業時間が35時間未満の短時間労働者（パートタイム労働者）であっても，労働時間を短くした分を家事，育児，買い物時間へ振り分けていることがうかがえる（労働省　1993：31）．

⑩ パートタイム労働者の変化

パートタイム労働に関する法律として，1993年,「パートタイム労働法」が制定された．これに関連して，1993年版では,「Ⅱ　パートタイム労働者の福祉の増進をめざして」が取り上げられている．パートタイム労働者の属性として，①主婦，②高齢者，③自らの趣味を生かせる生活領域を確保しつつも専門的な仕事も手がけキャリアを形成しようとする者，などをあげ，パートタイム労働者の質的変化や多様化を指摘している（労働省　1993：40）．これまでの家計補助を目的とした主婦だけではない，幅広い層が念頭におかれはじめた．

また，勤続年数の伸びから，パートタイム労働が「基幹的，恒常的」な労働力となりつつあることを指摘し，職種の拡がりを確認し，需要側と供給側からその要因を分析している．まず，パートタイム労働者を採用する主な理由が，かつての「人件費の削減」から「業務面の必要性」や「人手の確保」へと，変化している点を指摘する．次に，供給側の要因として，パートタイム労働者の「多様化」をふまえ，主婦，高年齢者，若年者のそれぞれの就業ニーズについて説明している（労働省　1993：43-6）．さらに，企業は正社員だけではなくパートタイム労働者にも「量から質への転換の時代」と認識していると，企業側のパートタイム労働者に対する考え方の変化を示している（労働省　1993：63）．

⑪ 基幹的労働力としてのパートタイム労働

「まとめ」においては，パートタイム労働が，就業実態や意識面から見て，補助的労働と同義語とみなされるようなこれまでの評価は改められるべきであるとする．また，パートタイム労働を魅力ある良好な就業形態として確立する，と述べる．これまでのパートタイム労働のあり方を問い直し，家庭責任を担っている女性を基幹的労働力としても位置付けようという転換がみられる．さらに，パートタイム労働者の就業調整と配偶者控除・配偶者特別控除などの社会制度の枠組みの見直しについても言及している（労働省　1993：81-3）．

「男女雇用機会均等法」をめぐっては，女性労働力の活用と，仕事と家庭の両立支援政策などが打ち出されていた．しかし同じように，女性労働力の基幹化をめざしながら，パートタイム労働者への仕事と家庭の両立支援政策についての言及はない．依然として，パートタイム労働そのものが，「仕事と家庭責任」との両立の手段として位置づけられているといえよう．

⑫ 女性の雇用者化と家庭責任

1994 年版では，パートタイム労働者が大幅に増加し，「就業分野も拡大傾向にある」とし，さらに，勤続年数や労働日数，労働時間数が減少傾向にあることも指摘している（労働省　1994：35-7）．

「Ⅱ　働く女性と家族」では，1994 年が「国際家族年」であることを念頭に，「労働者が職業生活と家族生活とを両立させつつ能力を発揮して働くための課題を探る」として，家族の変化，少子高齢化社会と家族，有配偶女性雇用者の増加について述べる（労働省　1994：42-8）．

「まとめ」においては，家庭に対する既婚女性の意識について，「家庭のこともおろそかにしないという意識を持つものが大部分である」と述べている．他方で，男女の生活時間の違いにも言及し，「家庭内での固定的な役割分担意識を見直」すことや，男性の「家事，育児，介護」責任についても指摘されている．ただし，ここでもパートタイム労働者に対するまなざしは，「自発的選択」

である（労働省 1994：74-7）.

「パートタイム労働対策の推進」では，「短時間労働者対策基本方針」の策定や「パートタイム労働法」の施行などが中心となる. そして，「パートタイム労働者が十分能力を発揮できるような適正な労働条件の確保や福利厚生の充実等に向けた」対策が必要である，と指摘する（労働省 1994：86-90）.

1995年版になると，パートタイム労働者だけではなく，「その他非正社員の就業の状況」として，派遣労働者，契約・登録社員，出向社員，臨時・日雇など，パートタイム労働者以外にも関心がよせられるようになった（労働省 1995：40-3）. また，「Ⅱ 均等法施行10年にみる女性雇用における状況の変化と今後の課題」では，男女雇用機会均等法後の影響が取り上げられ多くのページ数を割いている.「女性の職業選択意識」として，職業を持つ際の意識の変化が示される. 総理府「男女共同参画に関する世論調査（1995年）」によれば，「女性の働き方として望ましい形態」では，最も割合が多い選択肢は「子どもができたら職業をやめ，大きくなったら再び職業を持つ方がよい」の39.8%であった. いわゆる「継続就業」を選択する女性の割合も増加傾向にあるが，現実的な選択肢としては「再就職型」が中心であった（労働省 1995：49）. さらに，「Ⅲ 働く女性に関する対策の概況」では，「職業生活と家庭生活との両立支援対策の推進」として，1995年に改正された「育児・介護休業法」にも両立支援政策の1つとして力点をおいている.

他方，「パートタイム労働対策の推進」の項目は前年度と大きくはかわらず，「パートタイム労働法」を中心に描かれている（労働省 1995）.

⑬ ひろがりをみせる非正規雇用

1996年版では，「Ⅱ パートタイム労働者等非正規雇用の実態と今後の課題」がテーマとして取り上げられる.「はじめに」で，「パートタイム労働者が我が国経済社会に果たす役割はますます重要になっている」との認識を示す. 具体的には，勤続年数の伸び，パートタイム労働者の中に基幹的・恒常的な働

き方を持つ者が現れたことを指摘する．また，非正規雇用者の多様化について
も，パートタイム労働者のみならず，派遣労働，契約社員等を取り上げ，雇用
管理のあり方についても検討している（労働省　1996：36）．

　さらに，労働省「パートタイム労働者総合実態調査（1990年，1995年）」より，
正社員との比較において「フルタイムパート（正社員と労働時間がほぼ同じである
が，正社員と異なる取り扱いがなされているパートタイム労働者）」についても検討され
ている．なかでも，「フルタイムパートは非自発的選択者が多い」ことにも関
心を示していることは重要である（労働省　1996：85）．

　「フルタイムパート」については，その非自発性と，自身で生活を維持する
者が多いことをふまえて政策の必要性が描かれる．さらに，雇用管理の重要性
から，高い資質と意欲を持つ労働者に対しては，その処遇について，「正規雇
用者との均衡を考慮に入れつつ」，教育訓練の充実や役職への登用など，パー
トタイム労働者の「意欲向上策」の必要性を示す（労働省　1996：96）．最後に，
従来のパートタイム労働にみられたような，「仕事と家庭の両立」のための，
「単純・補助的」労働というのではなく，「就業形態が正規か非正規かに関わら
ず，労働者がそれぞれの意欲と能力を十分に発揮できる就業形態として確立し
ていくことが望まれる」と結ばれている（労働省　1996：97）．

　こうした傾向から，非正規雇用の多様化の流れの中で，政策対象としてのパ
ートタイム労働の位置づけが変化しつつあったといえよう．しかし，パートタ
イム労働の全体に占める記述割合は低くなっていく．

⑭仕事と家庭の両立支援

　1997年版では，「Ⅱ　職業生活と家庭生活との両立のための課題」が取り上
げられる．少子化・高齢化・核家族化の進行をふまえ，「育児や家族の介護は，
労働者が就業を継続していくうえで大きな問題となっている」とし，少子高齢
化，核家族化などの環境変化を明らかにする．そして，育児や介護を担う労働
者と，雇用する側の企業の実情をふまえ，職業生活と家庭生活との両立のため

第3章│既婚女性のパートタイム労働：実態と政策の推移

の課題を探る（労働省　1998：34）．性別役割分業についての意識の変化や，男女間の生活時間の差を指摘し，育児や介護などを女性だけではなく，男性を含む「労働者」の課題とする．さらに，「男女がともに職業生活と家庭生活との両立を図っていくためには，特に男性については，職場中心の生活から家庭生活にも積極的に関われるよう意識，働き方を含めた転換が求められる」（労働省1998：57）と，の課題が展開される．しかし，「パートタイム労働対策の推進」については大きな進展はなく，ほぼ従来通りである（労働省女性局（以下，労働省という）　1998：93-5）．

⑮ 依然として多い「再就職型」

　1998年版では，「Ⅱ　女性のライフコースと再就業」が取り上げられている．再就職後の就業形態が，さらに多様化しているとする．また，働く意欲をもちながらも労働市場には出てこない「潜在的労働力」にも注目している．

　次に，国立社会保障・人口問題研究所「結婚と出産に関する全国調査（独身者調査）（1997年）」から，未婚女性が理想とするライフコースは「再就職型」が最も多いが（34.3%），「両立」を理想とする女性もいる（27.2%）ことを述べる．以前の調査に比べると，「両立」を理想とする女性の割合は高まっており，「専業主婦」を理想とする者の割合は低下している．しかし，予定とするライフコースでは，「両立」とする女性の割合は10年前とほとんど変わっていないことを指摘する．その上で，理想と現実のギャップが生じていること，すなわち，「女性の職業意識は変化しつつあるが，現実面では働き方に対する意識にはあまり変化がみられない」と述べる．その背景となる「女性が子育て期に就業を控える理由」として示される理由は，① 仕事と家庭の両立の負担が重いため女性は退職する，② 育児を大事に考えている女性，③ 手伝ってもらえる親がいても育児負担は大きい，④ 女性は育児を第一に考え再就職型ライフコースを選ぶ，など，従来の傾向から大きな変化はみられない（労働省　1999：42-50）．「まとめ」においても，「継続就業型」よりは「再就職型」を選択する女性が多

73

いことを指摘する．その背景は，「我が国の女性が，そのライフコースの中で，育児を最も大切なことと考えているためであり，その考え方は以前からほとんど変わっていない」ためとしている（労働省 1999：106）．依然として性別役割分業のもとで就業形態を選択していることがわかる．他方，パートタイム労働対策では，大きな変化はみられない．

⑯ジェンダー平等の理念

1999年版では，「Ⅱ　大卒女性の就業意識と就業行動」に力点がおかれ，初めて大卒女性の就職について取り上げられている．「はじめに」では，高学歴女性の就業行動に着目し，「就業意識や就業行動から継続就業や再就業を阻害する原因を探る」をテーマ設定の問題意識としてあげる（労働省 2000：48）．高学歴女性を対象としているのは，子育て終了後の再就職があまり進んでいないからであるという．

また，「本来，家庭責任は男女を問わず担うもの」であり就業環境の整備とともに，「結婚，出産後も就業を継続するためには，夫や家族の協力と理解が大きいことから，家庭においても，家事や育児などの負担が女性に偏ることのないように家族の共同で行われることが望まれる」として，継続就業とジェンダー平等の理念が関連付けて示される（労働省 2000：98）．ただし，ここで念頭におかれているのは大卒の若年労働者であり，中高年の女性パートタイム労働者ではない．将来の「フルタイム正社員」に期待を寄せた内容であるといえよう．

⑰まとめ

以上，1990年代のパートタイム労働の状況と対策に関する記述内容について振り返ってきた．そこからは，①パートタイム労働者が量的な増加によって着目され，その性格として基幹化が指摘されること，②しかし，フルタイム労働の政策が「男女雇用機会均等法」，育児休業，介護休業，保育所，を中

心に展開されてきたこととは異なり，パートタイム労働はつねに家庭責任が前提とされており，その対策は雇用管理・労働需給政策が中心であったこと，③ パートタイム労働とフルタイム労働は「男女雇用機会均等法」に軸足をおいたフルタイム正社員と，「パートタイム労働法」が対象とするパートタイム労働者が，それぞれの法律を基にした対象者としてとらえられ，同じ労働者として重なりをもって描かれることがなく，④ 仕事と家庭の両立は，継続就業者と再就職者に分けて描かれ，おもにフルタイムの継続就業者が中心となってきていることが示される．次に，非正規化が一段と加速する 2000 年代では，パートタイム労働はどのように記述されるのであろうか．

（5）非正規雇用の多様化　2000〜2010 年

① 正規と非正規の「均等・均衡」待遇

　2000 年版の当時は，景気の後退期であった[13]．入職者全体に占めるパートタイム労働者の比率が上昇し「入職のパート化」（入職者全体に占めるパートタイム労働者の比率が上昇したこと）が進んだ．この傾向は女性でより顕著であり，さらに学卒女性へも広がっていることを示す（厚生労働省雇用均等・児童家庭局編（以下，厚生労働省という）2001：26-7）．また，女性の短時間雇用者数は第三次産業に多いこと，中高年層（45〜54 歳層，55〜64 歳層）の占める割合が増加していることなどが指摘されている（厚生労働省　2001：35-8）．

　「Ⅱ　産業別に見た女性労働者の均等取扱い・活用状況と今後の課題」では，「男女雇用機会均等法」施行前の 1985 年から，2000 年までを取り上げ，その期間の変化と状況を検討している．そして，非正社員の就業形態の多様化を示し，女性の非正社員のうちでもパートタイマーの割合がさらに進展していることも指摘している（厚生労働省　2001：48）．

　「まとめ」では，おもに以下の 4 点を指摘する．すなわち，① 女性の非正規労働者数が増加傾向にあること，② 正規労働者中心の「均等取扱い」だけではなく，非正規労働者への目配りも必要なこと，③ 非正規の女性労働者の採

用方針が，女性に対する差別とならないよう十分注意する必要があること，④ パートタイム労働者と通常の労働者の「均衡待遇」が必要であることである．さらに，労使の話し合いのもと，「当事者が納得できる評価システムの構築が必要である」と結ぶ（厚生労働省　2001：92-3）．女性の非正規労働者の一層の増加に対して，正社員との「均等・均衡」取り扱いが指摘される．

② 女性労働力の活用とパートタイム労働

2001 年版では，「男女雇用機会均等法」が，女性の就業環境に与えた影響についても述べている．以降の記述においても，女性労働力の活用状況が視点の中心となる（厚生労働省　2002）．

他方，短時間雇用者の割合は増加傾向が続く．「パートタイム労働者の就業状況」では，女性の短時間雇用者総数に占める割合を産業別に示している．それによれば，「卸売・小売業，飲食店」が37.2%，「サービス業」が34.4%，「製造業」は15.2%である．また，所定内実労働時間は5.6時間である（厚生労働省 2002：34-7）．1990 年代から比べると，雇用者に占める短時間雇用者の割合が高くなったこと，サービス化の進展，所定内実労働時間の減少傾向を指摘している．

③ 課題としてのＭ字型カーブ

「Ⅱ　仕事と子育ての両立」では42 ページから103 ページまで約60 ページを割いている．まず，年齢階級別労働力率曲線が依然としてＭ字型を描いていることを課題として示す．そして，「少子・高齢化が進行する中で，仕事と子育ての両立の負担感を軽減し女性の就業意欲を十分生かすことは，経済社会の活力を維持するうえでも重要である」と，「少子・高齢化」，「経済社会の活力」がＭ字型カーブに関連する問題意識としても述べられる（厚生労働省 2002：42）．

第3章｜既婚女性のパートタイム労働：実態と政策の推移

④ パートタイム労働と家庭責任

パートタイム労働については，35〜39歳層において，「再就職層のパートタイム化」が進行しているとし，再就職に着目する．

そして，35〜39歳層では，① 労働市場へ再参入しはじめる者が多いこと，② 既婚女性の労働力率は比較的高い水準で推移していること，③ 週35時間未満の短時間就業者の割合は急速に高まっており，パートタイム労働者化が進んでいること，が指摘されている（厚生労働省　2002：49）．

さらに女性の就業形態とM字型カーブについて，「子どもができたら職業をやめ，大きくなったら再び職業を持つ方がよい」が，男女ともに多いものの，「子どもができても職業を続ける方がよい」という割合は上昇していることをあげ，女性が働き続けることに対する社会の意識は大きく変化していると指摘する．そして，「就業パターンの理想・現実はともに再就職型」であると述べる（厚生労働省　2002：49-51）．また，再就職の状況については，パートタイム労働が中心であり，正社員としての再就職は厳しいことにもふれている（厚生労働省　2002：54）．

さらに，21世紀職業財団「多様な就業形態のあり方に関する調査」から，女性のパートタイム労働者への「自ら進んで『非正社員』になったのか」という質問に対して，「希望に合う勤務先がなくやむを得ず非正社員になった」が26.8％，「自分から希望して非正社員になった」が61.6％となっている．「自分から希望して非正社員になった」であっても，「育児・家事・介護の負担がなかったら正社員を希望した」は，年齢計で42.2％となっている．とりわけ，幼い子どもがいる層である30〜34歳では55.6％と最も高く，さらに35〜44歳でも50％近くとなっているなど，「子育て等との両立のためにパートタイム就労を選択している状況もみられる」とする（厚生労働省　2002：55）．

ここまでの記述からは，パートタイムという形での再就職が，家事・育児との両立のための，すなわち，性別役割分業を現状とすりあわせるための側面をもっているといえよう．これまでは，既婚女性のパートタイム就業は「自発的

77

選択」であることから，その背後にあるジェンダー規範に焦点があてられることは少なかった．しかし，この年の記述では，育児を中心とした家庭責任とともにパートタイム労働が言及される．これは少子化の影響が大きいと考えられる．たとえば，少子化の進行を前提に，将来の労働力不足への対応についても述べられ，「女性の就業意欲を生かし，能力が発揮できる環境整備」の必要性に注目している（厚生労働省　2002：99）．

⑤ 男女労働者の家庭責任

1990 年代後半以降は，特に「男女雇用機会均等法」の影響もあり，男女労働者の双方で家庭責任を担うという記述が増えてくる．具体的に見ると，「子育て期にあたる 30 歳代男性の就業時間が最も長い反面，女性は働きたくても働いていない者，短時間就業で子育てとの両立を図っている者が多い．30 歳代という重要なキャリア形成期に就業面で男女間の大きな差は，将来のさらに大きな格差の原因ともなる」と就業形態による格差にも言及する（厚生労働省 2002：99）．

さらに，男性の長時間就業も課題とし，柔軟な働き方を重視し，ワークシェアリングについても言及する（厚生労働省　2002：100）．当時の日本においてもワークシェアリングの議論が活発であった．また，2001 年 6 月「仕事と子育ての両立支援策について」が閣議決定され，両立支援の充実を早急に実施することが明確になっていることもあげられている．

男性の育児の分担については何度も繰り返され強調される．まず，男性の育児に関する意識の変化と，子育て期の男性の長時間労働の現状を指摘し，女性が家庭責任をより重く担っているとする．そのうえで，「家事，子育てをどう分担するのかは夫婦の価値観の問題であるが，特に子育て期の女性に偏る家庭責任の分担，仕事の面における女性の能力発揮さらに子どもの健全な発達のためには，父親である男性もパートナーとしての時間を重視し，そして家庭生活に責任を果たすことが求められている」とし，男性の育児休業の取得促進につ

第 3 章｜既婚女性のパートタイム労働：実態と政策の推移

いても言及する（厚生労働省　2002：101-2）．こうした状況の背景としても，少子化の影響が大きく，女性の継続就業者が増えたため，男性に育児参加を求める必要性が出てきたと考えられる．

⑥ 再就職への支援

　では，再就職の中心であるパートタイム労働者については，どのような施策が展望されているのであろうか．再就職への支援として，子育て後に労働市場へ再参入を希望している女性に対する再就職支援の必要性を指摘し，具体的な支援体制として，情報提供や職業能力の取得などが述べられる（厚生労働省 2002：102）．ただし，ここで示されている再就職とは，パートタイム労働よりも正社員としての再就職に焦点があてられている．

⑦ ジェンダー平等への視点

　男性も女性と家庭責任を分担しつつ，仕事とのバランスを保つことが求められるが，それにはジェンダー規範の見直しが必要になる．これまで，こうした点については「個人の問題」として言及されてこなかったが，2001 年版の「婦人労働の実情」では，一歩進んだ記述がみられる．

　たとえば，「男女が仕事と子育てをバランスよく両立するためには，固定的な性別役割分担を解消し，男女がともに仕事や家族に対する責任を担うことのできる社会を形成することが最も重要である」とする．さらに，社会における制度や慣行の中での，性別役割分業の存在を指摘し，男女共同参画の視点から，その見直しを検討していくことが重要であるとする（厚生労働省　2002：103）．性別役割分業に関する長い記述である．また，2001 年には「育児・介護休業法」が改正された．これについては，法律の背景に少子高齢化が急速に進行していることに言及し，育児に加えて介護との両立にも焦点があてられる（厚生労働省　2002：107-8）．

79

⑧パートタイム労働対策

では,「パートタイム労働対策の推進」としては何が実施されたのであろうか. 基本的には,「パートタイム労働法」および「指針」等の周知徹底を中心とした施策であり, 方向性としては, これまでと大きな変化はみられない. ただし,「パートタイム労働研究会の開催」という項目があげられ, 今後のパートタイム労働のあり方についての議論が始まったことが示される (厚生労働省 2002：112-5).

⑨非正規労働者のひろがり

2002年版は,「多様な就業形態」と「非正規雇用の拡大」を中心に,「II 多様な就業形態で働く労働者の意識と今後の課題」がテーマとして取り上げられる.「はじめに」では, パートタイム労働者の増加と, 基幹化についても述べる. そして,「就業形態の多様化」については, 正社員およびパートタイム労働者だけではなく, 派遣労働や契約社員, 在宅就業など, 広い範囲を視野に入れて言及する (厚生労働省 2003：27).

また,「社会・経済環境の変化と女性の就業」では,「少子高齢化の進展」を取り上げている. そこでは, 高齢化社会がもたらす影響について注目する. そして, 医療・福祉分野におけるパートタイム労働者等の労働需要の増加が見込まれるとする. また, 介護問題が女性の継続就業に与える影響についても指摘する (厚生労働省 2003：28).

さらに, 日本経済の活力維持と労働力不足との関連から,「女性, 若者, 高齢者を含め, 働く意欲と能力を有する者が存分にその持てる力を発揮できるような社会システムにしていくことが課題となっている」とする (厚生労働省 2003：29). 以降,「経済活力」,「日本経済の成長」などの表現がたびたび出てくるようになる.

次の「女性の働き方の変化」では, 再び女性の労働力率曲線が, M字型を描いていることに注目している. 特に,「M字型カーブの右肩を支える女性パ

ートタイム労働者」として，Ｍ字型の右肩部分はおもにパート・アルバイト
により支えられていると指摘する（厚生労働省 2003：38）．また，近年の特徴と
して，若年者の非正規化や男性の非正規率についてもふれられている．徐々に
既婚女性にとってのパートタイム労働，非正規化だけではなく，幅広い年齢層
における非正規化についても関心が向けられるようになっているといえよう．

⑩ 女性が希望する働き方

「女性の職業に対する意識」の項目では，こうした就業形態の多様化につい
ての女性の意識が示され，雇用されて働く際に直面する問題が示されている
（厚生労働省 2003：43-4）．そして，女性の働き方の希望として，パートタイム
労働者や専業主婦で子育てをしている女性の意識からみる限り，子どもが小学
校に入学するまでは短時間勤務や在宅就業で働くことを希望する者が少なくな
いと，幼い子どもを持つ女性がパートタイム労働を選択している現状を指摘す
る（厚生労働省 2003：45）．

⑪ 男女とも両立志向へ

こうした課題に対しては，「男女とも両立志向へ」のなかで，女性の職業意
識の変化をあげる．また，男性も性別役割分業への意識が変化していることを
述べ，「男女とも仕事と家庭の両立を図ることができるライフスタイルへのニ
ーズが高まりつつあるとみられる」と展望する．ここから，「就業形態の多様
化と女性労働者」へと項目が続くが，「就業形態の多様化」にともなう労働問
題だけではなく，「それぞれの就業形態での能力発揮」に課題の焦点があてら
れている．また，正社員以外就業形態のひとつとして，パートタイム労働が取
り上げられるが，とりわけ，小項目としてあげられている「男性に比べて専門
性の高い分野での就業は少ない」では，パートタイム男女の就業分野・職種に
ついてその差を指摘している（厚生労働省 2003：58-9）．しかし，その要因につ
いては言及することなく，後にでてくる「まとめ」のなかで，一連の差が男女

の格差となって現れているとする．また，本文中では，パートタイム労働者の役職者について，具体的な数値をあげて言及しており，いずれも能力発揮の方向性が中心となっている．

⑫ 不本意パートへの注目

　また，「それぞれの就業形態についての選択理由は就業特性の違いが反映され，様々である」として，以下のように紹介する．パートタイム労働においては，男女ともその選択理由は「都合の良い時間（日）に働きたいから」が最も多い．また，女性は時間の融通性を重視する傾向が強く，次に多いのは「勤務時間・日数が短いから」となっている．

　しかし，「正社員として働ける会社がないから」という理由が1995年から2001年にかけて増加しており，これをあげるものは女性で約2割となっている．さらに，年齢階級別に見ると，30歳代の女性では「家事・育児の事情で正社員として働けないから」とする者が4割近くにのぼる．他方，45〜54歳層では「正社員として働ける会社がないから」とする者の割合が上昇し，3割弱となっている．以上をふまえ，育児期に正社員として働くことや，中高年になって正社員となることが難しいために「消極的理由」でパートタイム労働を選択する女性について注目するようになり，これまでの「パートタイム労働は本人の積極的な選択である」という視点からの変化がみられる（厚生労働省2003：62-3）．

⑬ 男女の働き方と少子化

　「まとめ」では，少子高齢化の進展と女性の活躍について述べられ，女性の活躍は日本社会の活力のためにも重要であるとする．そして，「資源に乏しい日本で唯一潤沢であったはずの人的資源．その半分を構成する女性の能力が存分に発揮できるかどうかは，今後の日本の将来を大きく左右することになると思われる」（厚生労働省　2003：83）と，「少子高齢化」における「人的資源」の

重要な役割を，女性の労働力や女性の能力発揮に期待する．

「Ⅲ　働く女性に関する対策の概況」でも中心は「雇用における男女の均等な機会と待遇の確保等対策の推進」であり，「職業生活と家庭生活との両立支援対策の推進」である．特に，「少子化対策プラスワン」をふまえ，「子どもを安心して産み育てる環境づくりに向けた取組を積極的に推進している」と，少子化対策と男女の働き方について明確に関連づけて目標を定めている（厚生労働省　2003：89）．

「パートタイム労働対策の推進」では，従来と同様の方針に加えて，「今後のパートタイム労働対策のあり方に関する検討」として，「今後のパートタイム労働対策のあり方について，労働政策審議会雇用均等分科会において公労使による検討が行われている」と述べている（厚生労働省　2003：92-5）．

⑭「男女雇用機会均等法」と継続就業への期待

2003年版になると，「Ⅱ　均等法と労働環境の変化〜世代別に見た女性の就業実態の変化〜」が取り上げられる．女性の有業者を対象とし，世代別に就業の状況や働くことへの意識の変化などの分析が，男性との比較も交えながらなされるが，焦点はさらに「男女雇用機会均等法」，正社員（継続就業の視点）に当てられるようになり，女性正社員に関する状況が詳述される．

また，女性の就業に関する課題として，M字型カーブの底の部分が取り上げられる（厚生労働省　2004：33）．しかし，2002年版にみられたようなM字型カーブの右肩の層への関心は薄く，労働力人口不足の観点から「M字型カーブの解消」（厚生労働省　2004：39）と，継続就業に焦点があたる．

一方，パートタイム雇用に関する記述は，「若い世代の女性ほど進む新規学卒者のパートタイム就職」という項目のなかにみられる．そこでは，新規学卒者についても，パートタイムでの入職者の割合が上昇していることをふまえ，若年者・新規学卒者のパート化が取り上げられ注目される．

さらに，これまでの女性の「再就職型」ライフスタイルに変化の兆しがみら

れるとして，「就業をライフスタイルの中で積極的に位置づけて考える女性が若い世代ほど増えてきている」という意識の変化も指摘する（厚生労働省 2004：54-7）．いずれも，2003 年版は「男女雇用機会均等法」以降の変化という観点から検討されており，パートタイム雇用への言及は限られている．

　他方，若年者のパートタイム化により，パートタイム雇用がすでに抱えていた課題が，処遇格差だけではなく教育訓練も視野に入れて，明確に言及されている（厚生労働省　2004：108）．

⑮ パートタイム労働の課題と世代間の格差

　一連の記述からは，世代によってパートタイム雇用の抱える課題の力点が異なる印象を受ける．たとえば，「パートタイム労働者とフルタイム労働者の処遇の均衡の推進」については，パートタイム労働者と正社員との均衡待遇が「いずれの年代層についても必要である」とする．他方，教育訓練については，若い世代，とりわけ新規学卒者を取り上げている（厚生労働省　2004：108）．

　確かに，均衡処遇について「パートタイム労働法」と関連させながら指摘されているが，キャリア形成や能力開発の言及はおもに若年者を対象にしている．同じパートタイム労働の課題であっても，若年者にはより広い問題として取り扱っているといえる．逆に言えば，パートタイム雇用が抱える問題は，若年者が増加してはじめて，従来にはみられなかった多くの側面から「課題」として認識されるようになったといえよう．

　最後の「Ⅲ　働く女性に関する対策の概況」の，「パートタイム労働対策の推進」では，改正された「指針」，「パートタイム労働法」に基づいた指導・政策が示されている（厚生労働省　2004：119-21）．

⑯ 若年層の非正規化

　2004 年版の「女性の就業実態」で描かれる「就業と雇用形態」では，「進む雇用形態の多様化と女性の就労パターン」として次のように述べられる．① 女

性の雇用者化が進展しているが，それは，雇用形態の多様化をともなっていること，②若年層においてもパートタイム労働者は増加していること，③このことは，正社員で働いたことがない女性労働者が若い世代に登場しつつあることを意味すること，④これまでの「再就職型」のライフスタイルが変化しつつあること，の4点である（厚生労働省　2005：66）．すなわち，これまでは「パートタイム労働者＝既婚女性」であったが，パートタイム労働が若年者へ変化も拡がっているという側面の指摘は，雇用形態の多様化における重要な問題提起である．しかし，これほどまでに，女性の継続就業，あるいは若年労働者の非正規化が注目される背景には何があるのだろうか．

⑰ パートタイム労働の処遇と両立支援

「まとめ」では，人口減少と労働力人口減少の見込みを示している．そして，「活力ある社会」であるために，「その担い手として女性の就労に注目が集まってきている」と，女性の就業と労働力の確保が改めて示される．また，女性の育児期の就業が依然として厳しい状況にあるとする（厚生労働省　2005：115）．

これまでは，この厳しさゆえに，おもに既婚女性がパートタイム労働を選択したと述べられてきた．しかし，ここで取り上げられるパートタイム労働は，これまでの描き方とは異なってくる．たとえば，「女性の就業希望を実現する」ために必要なこととして，イギリスやオランダの例をあげながら，勤務時間の柔軟化，継続就業のためのパートタイム労働の機会の創出が例示される（厚生労働省　2005：116）．

いうまでもなく，オランダなどヨーロッパ諸国のパートタイム労働と，日本のパートタイム労働は雇用条件などの処遇が異なっている[14]．その点についてはどう考えられているのか．

これらの国では，女性の就業率の上昇と，女性の登用が同時進行した点をあげている．そして，日本の女性の意識調査をふまえ，「男女の均等な待遇と公正な人事評価の徹底」や「労働時間面を含めた両立支援策は均等処遇と同時に

進められることが必要」と，「男女均等な待遇」が両立支援策と同時に述べられている（厚生労働省　2005：116）．しかし，こうした方向性とパートタイム労働者との関連する記述は見当たらない．

　いずれにしても，2000年代に入ってからは，少子化・労働力人口の不足を背景に，女性の継続就業が中心的な課題となる．そして，パートタイム雇用の現状と課題についての言及は，限られた文脈においてのみ扱われるようになったといえる．また，パートタイム労働対策についても大きな変化はみられなかった．

　⑱注目される団塊の世代

　2005年の短時間労働者[15]の就業状況をみると，女性雇用者数は増加している．また，企業規模別に見ても，短時間雇用者数はすべての規模で増加している．さらに，女性短時間雇用者の多い産業として，「卸売・小売業」（27.2%）が最も多く，次いで「サービス業（他に分類されないもの）」（15.5%），「医療，福祉」（15.4%），「製造業」（11.6%）となっており，これら4産業で70%近くを占めている（厚生労働省　2006：25）．これまでとは異なり産業として，「医療，福祉」がその割合を伸ばしており，主要産業に変化がみられつつある．

　また，「団塊の世代を含めた中高年女性の就業実態と意識」もテーマとして取り上げられている．ここで中高年女性とは45歳以上をさしている．これまでのM字型カーブの底への注目とは異なり，人口ボリュームが大きい中高年層が労働市場へ再参入することに着目している．日本の人口が減少局面に入りつつあるとし，これまではM字型の底の問題については関心が高かったものの「中高年期の女性の働き方については必ずしも十分な分析はなされてこなかった」と振り返る（厚生労働省　2006：28）．

　また，中高年齢層の雇用者割合の上昇を受け，労働力人口の担い手としての期待もみえる（厚生労働省　2005：32）．中高年女性の就業に関しては，さまざまな視点から詳細にまとめられているが，パートタイム労働については，就業形

態の1つとして取り上げられており，パートタイム労働そのものについての記述は多くはない．

「まとめ」では，人口減少と労働力人口の担い手の重要性を前提に，「今一度，中高年女性のパワーに着目する必要があるのではないか」と述べる（厚生労働省　2006：97）．潜在的な就業希望者は多くても，なかなか労働力に結びつかないM字型カーブの底にあたる層だけではなく，ある程度の時間的余裕ができ就業意欲も高い中高年齢層に着眼点を向けたといえよう．

さらに，「軽減したとしてもなお子育てとの関係で働き方に一定の制約がかかる者は少なくない」ため，パートタイム労働を希望する者が多いことにふれ，「パートタイム労働という働き方がより魅力的なものとなっていくことは，中高年女性が希望する再就職を円滑にするうえで重要と考える」とパートタイム労働について言及する（厚生労働省　2005：98）．しかし，現状ではすでに中高年女性の多くがパートタイム労働として実際に就業している．また，パートタイム労働の希望者も多い．こうしたなかで，パートタイム労働と中高年女性の再就職をどのような形で展開していくべきなのかについては，十分には述べられていない．

「パートタイム労働対策の推進」では，「均衡処遇の考え方の浸透・定着」があげられる．「パートタイム労働法」や「指針」に規定されている事業主が講じるべき措置をふまえ，「均衡処遇」の考え方や「正社員への転換に関する条件整備」などが具体的に示されている（厚生労働省　2006：110-2）．

⑲働く女性の状況と女性の起業

2006年は，「Ⅱ　女性の起業」がテーマとして取り上げられている．ここでは，新しい働き方の選択肢として，「雇われて働く」のとは対照的な「起業」「自営業」が注目され，60ページ近くが割かれている．

「働く女性に関する対策の概況」では，「男女雇用機会均等法の改正」を中心に取り上げている．また，「パートタイム労働対策の推進」では，「今後のパー

タイム労働対策」について，「パートタイム労働法」の改正に向けた取り組みが紹介されている（厚生労働省　2007：100-2）．

⑳ 働く女性の変化

2007 年は「均等法制定から 20 年　働く女性の変化」がテーマであり，「男女雇用機会均等法」制定後の長期的な変化が記述される．パートタイム労働関連としては，「まとめ」で就業時間の変化について，企業規模別の週間就業時間階級別雇用者の構成比を検討している（厚生労働省　2008：104）．女性はいずれの規模においても，就業時間の分布が全体に短時間方向にシフトしているという指摘に注目したい．さらに，労働力不足への対策として，パートタイム労働者を含む正規労働者以外の働き方に焦点をあて「公正な待遇の確保と，正規雇用への転換・転職も含め，円滑な需給調整がなされることが望まれる」と処遇改善についてもその方向性を提示している（厚生労働省　2008：105）．

㉑ パートタイム労働者の基幹的役割

2007 年のパートタイム労働に関する施策で重要な事項は，「パートタイム労働法」の改正である．パートタイム労働者の増加やパートタイム労働の基幹的役割の高まりを受け，パートタイム労働者の処遇改善について具体的に指摘している．すなわち，「正社員との不合理な待遇の格差を解消し，働き・貢献に見合った公正な待遇を確保することが課題となっている」とし，2007 年の「パートタイム労働法」の改正について述べている（厚生労働省　2008：122）．

㉒ 大卒女性の働き方

2008 年では，「大卒女性の働き方」をテーマに，大卒女性に焦点があてられている．そのためパートタイム労働についての言及は限られており，継続就業の視点が強いものとなっている．「パートタイム労働対策の推進」では，「改正パートタイム労働法の施行」として，① 均衡待遇の確保等に向けた取り組み，

第3章｜既婚女性のパートタイム労働：実態と政策の推移

② 均衡待遇に取り組む事業主への支援に取り組んでいるとある．さらに，「短時間正社員制度の導入促進」についてもめざされている（厚生労働省　2009：93-4）．

㉓ 少子化と両立支援

2009 年は「景気後退下での女性労働者」として，2007 年秋以降の景気後退下での女性労働者の状況を取り上げている．「第 2 章　今回の景気後退下での女性労働者の動き」では，男女とも非正規労働者が増加傾向にあるが，とりわけ女性にその割合が多いことを確認している（厚生労働省　2010：41）．「働く女性に関する対策の概況」では，「仕事と生活の調和の実現に向けた取組」で，「仕事と生活の調和（ワーク・ライフ・バランス）憲章」及び「仕事と生活の調和推進のための行動指針」，「子ども・子育てビジョン」の策定があげられている（厚生労働省　2010：81）．

「パートタイム労働対策の推進」では，「パートタイム労働法」の施行をめぐる取り組みを，「短時間正社員制度の導入・定着」については，ワーク・ライフ・バランスの視点からも多様な就業形態を推進するための条件整備をおこなうことなどを示している（厚生労働省　2010：88-90）．2009 年も，パートタイム労働についての記述は限られており，主要課題は少子化・両立支援であったといえよう．

㉔ M 字型カーブの解消

2010 年の「女性労働者の就業率の推移」では，「全員参加型社会」，「新成長戦略」とともに，「女性の就業率向上，とりわけ M 字型カーブの解消が重要な課題となっている」と述べられている（厚生労働省　2011：39）．

㉕ 男女間の性別役割分業

さらに，M 字型カーブ解消のためには，子育て世代に当たる 25〜44 歳の女性について，仕事と家事・育児の両立ができる環境整備の必要性を述べる（厚

生労働省　2011：65）．そして，有配偶女性にとって「仕事と家事・育児の両立等が就業を阻害する要因となっていることがうかがえる」とする（厚生労働省2011：66）．また，「妻の就業形態別にみる夫の家事遂行割合」から，妻の就業形態にかかわらず夫の分担は大きく変わらないことも指摘し，「夫婦の育児・家事分担の状況」は「依然として夫の家事分担の割合は低い」（厚生労働省2011：70）と，女性が家庭責任の多くを担っていることを示す．

こうした記述からは，性別役割分業と，Ｍ字型カーブの解消や継続就業について，一定の関連があるとの認識が示されているといえよう．

㉖ 限られるパートタイム労働への視点

また，パートタイム雇用に焦点をあてた分析や言及は，ごく限られたものとなっている．「Ⅱ　働く女性に関する対策の概況」では「男女雇用機会均等法」とともに「仕事と生活の調和の実現に向けた取組」に力点がおかれている．他方，「パートタイム労働対策の推進」については，2007 年に改正された「パートタイム労働法の施行」と「短時間正社員制度の導入・定着」が中心であり，大きな変化はみられない（厚生労働省　2011：101-3）．

㉗ まとめ

以上のように，2000 年代（2000～2010 年）の「婦人労働の実情」は，「男女雇用機会均等法」や「育児・介護休業法」を中心に，主として正社員を念頭においているといえよう．少子高齢社会や労働力不足，「全員参加型社会」などを背景に，女性の継続就業が期待され，男性の働き方や意識の変革も同時に期待されている．

2001 年版の「働く女性の実情」では，ジェンダー規範についても踏み込んだ言及がなされていた．それ以降，家庭責任の女性への過重負担の問題や，男性の家事・育児への参画促進という視点から，Ｍ字型カーブの解消が集中的に論じられている．2005 年には中高年女性についても取り上げられ，将来的

第3章│既婚女性のパートタイム労働：実態と政策の推移

に直面するであろう「仕事と介護の両立」も視野に入れた分析がなされている．

　男性の定年後の継続就業や「仕事と介護の両立」も視野に入れられているが，既婚女性のパートタイム労働者が抱える問題や背景については，あまり取り上げられない．

　若者や男性の非正規雇用の問題は，キャリア形成などの広い視点から検討されている．また，非正規雇用を選択する理由が不本意であることにも注目している．しかし，既婚女性のパートタイム労働の課題に対しては関心が薄いように思われる．

　パートタイム労働者は，その背後に主たる家計維持者や家族の存在があったからこそ，たとえ処遇が十分ではなくても低い処遇に甘んじて生活を成り立たせてきた側面が強い．女性の働き方は日本的雇用慣行とも無縁ではない（川口2008）．しかし，世帯主の賃金が低下し，未婚化，非婚化により単身者も増加している．現状の不安定な雇用のままでは，生活が困難な状況に直面する可能性がある．そのため，パートタイム労働をはじめとする「非正規雇用」の問題を正面から取り上げる必要が生じたのではないか．

　若年者の非正規化に注目し，女性の継続就業の推奨を繰りかえすのは，パートタイム労働を中心とした非正規労働が不安定な側面を抱えていることの裏返しではないだろうか．日本的雇用慣行や賃金形態が変化しつつあるなかで，従来の正社員像も変化をせまられている．こうした状況にパートタイム労働がどのように関わっていくのかは，今後の就業形態の多様化を考える際に重要な課題となるであろう．

2 ▶半世紀を通して

　本章では，1960年代から2010年までを対象として，「婦人労働の実情」がパートタイム労働をどのように記述し，当時の女性雇用がどのような状況であったのか，どのようなパートタイム労働対策が実施されてきたのかを中心に

91

検討した．その特徴は以下の通りにまとめることができる．

1960 年代は，パートタイムという働き方がめばえた時期である．しかし，まだ雇われて働くことが主流ではなく，自営業主，家族従業者，内職などのさまざまな働き方が混在していた．その後，高度経済成長期において生じた労働力不足から既婚女性が注目されるようになる．おもに，労働需要側のニーズが主導していたと考えられ，新しく生じたパートタイム労働という働き方に，女性が少しずつ適応していく状況が描かれる．この時期のパートタイム労働の仕事時間はフルタイムとあまり変わらず「短時間」ではないため，既婚女性が家庭責任と両立させるための選択肢とはいえなかったことがみてとれる．

1970 年代は，労働力不足への対応であったパートタイム労働が，雇用調整の側面を持つようになる．また，既婚女性も家庭責任を前提とした現実的な選択肢として，パートタイム労働を選択し始める．そして，仕事と家庭責任の両立のためにパートタイム労働へ積極的に参加していく過程がうかがえる．ただし，当時のパートタイムの労働時間は1日平均6時間程度と短くはなかった．それでも，フルタイム労働につくにはハードルが高かったため，比較的参入しやすい雇用形態として選ばれてきたといえよう．

このように，既婚女性が，フルタイムとして働くことがまだ難しかった時代において，パートタイム労働は既婚女性の代表的な働き方として定着していく．労働供給側である既婚女性のニーズにも沿いながら，パートタイム労働が広がっていく様子が示される．

1980 年代に入ると，そのありようは変化し始める．パートタイム労働者の一層の増加傾向とともに，パートタイム労働でありながらも「基幹的労働力」とされる者が現れ始めたのである．しかし，パートタイム労働が，既婚女性が仕事と家庭責任を両立させるための選択肢であることは，依然として変わらない．パートタイム労働者以外の，非正規雇用者の課題にも関心が寄せられる．

他方，「男女雇用機会均等法」が成立したことにより，未婚女性の継続就業やフルタイム就業に焦点があたり始める．そして，フルタイムで働く女性の

「仕事と家事・育児の両立」に議論が集中する．さらに，男性の家事・育児責任も理念として描かれるようになる．

1990年代は，引き続き，パートタイム労働の基幹化が本格的に進む．しかし，パートタイム労働以外の就業形態にも関心が広がり，以降のパートタイム労働への言及は減る．他方，少子化や労働力不足の観点から，再び女性の継続就業に焦点があたる．

その際，仕事と家庭の両立が課題となるが，おもにフルタイムの継続就業者が対象となる．パートタイム労働者への政策としては，「パート労働法の改正」をめぐる政策を除けば，雇用管理・労働需給政策が中心であった．フルタイムとパートタイムは，それぞれ独立した女性の働き方として位置づけられていたといえよう．

2000年代に入ると，「男女雇用機会均等法」や「育児・介護休業法」を中心に，正社員に焦点があてられる．M字型カーブの解消や，正社員としての継続就業が課題の中心となる．また，性別役割分業についても，見直しの必要性についてたびたび言及される．対照的に，パートタイム労働への言及は減り，かわって若者や男性に非正規雇用が広がっていることへの懸念が示される．非正規雇用に対する視角がさらに拡大されて，パートタイム労働の比重は低くなっていく．2000年代は，非正規雇用の多様化と女性正社員の継続就業に関心が集中していたといえよう．

以上，半世紀を振り返り，既婚女性の就業状態とパートタイム労働政策の記述の推移をみてきた．1960年代から80年代半ばまでは，フルタイムで雇われて働く女性の数が少なかったため，既婚女性のパートタイムの記述が中心であった．しかし，「男女雇用機会均等法」以降は，国際的な動向や性別役割分業意識の変化により，女性の継続就業も増えてきた．そこに，少子高齢化が課題として登場し，女性労働力の活用が視野に入れられてくる．フルタイムとパートタイムという働き方は，（本書のテーマである既婚女性のパートタイム労働者の多くは），結婚・出産を機にフルタイムからパートタイムへ変わるため，一生の

うちに働き方の変化に直面してきた．つまり，女性の労働力は男性のように基本的にフルタイム一本ではなく，フルタイムとパートタイムに分けられておりそれに応じて政策も展開されてきたと考えられる．

　フルタイムであれ，パートタイムであれ，既婚女性にとって，仕事と家庭責任の両立は共通の課題であった．しかし，政策として焦点があてられたのは，正社員の継続就業のための両立支援である．パートタイムへの政策は，本人が自ら「家庭責任と仕事の両立」のために選択しており，かつ，正社員転換も希望者が少ないことをあげて，おもに雇用管理政策を中心としたものにとどまっていた．また，パートタイム労働者の家庭責任については特段の言及がない．パートタイム労働者も，仕事と家事・育児の合計時間は長い．しかし，パートタイム労働者の両立支援ついては検討されてない．

　フルタイム労働者の継続就業を可能にするためには，性別役割分業の見直しが必要であると指摘されているが，パートタイム労働者に対しては，特に課題とはされていない．

　フルタイム労働をめぐる政策とパートタイム労働をめぐる政策が，それぞれジェンダーバイアスを含んでいることが示唆される．

　確かに，仕事と家庭との両立支援が個人の問題から社会問題へと変化はするが，それは継続就業を希望する正社員を対象としたものにとどまってきたことを意味するのではないか．

　すでに見てきたように，「仕事と家庭責任」のあり方は，ジェンダー規範に影響を受ける．パートタイム労働のあり方，女性の意識，既婚女性の現実的な働き方の選択など，これらはジェンダー規範の影響を受けている．多くの既婚女性が，現実に選択するのがパートタイム労働であることは，このおよそ50年間で大きく変わっていない．働くことに関する男女の意識や社会の意識が変化しているという指摘もあるが，既婚女性に求められる役割は変化してこなかったのであろうか．

　次に，ジェンダー規範について検討する．「男性は仕事，女性は家庭責任」

第3章｜既婚女性のパートタイム労働：実態と政策の推移

というジェンダー規範に対して，既婚女性は，仕事と家庭責任の調整をどのよ
うにはかろうとしていたのか．こうしたジェンダー規範の影響を具体的にみる
ために，男女の生活時間からアプローチする．生活時間の使い方は，個人の意
識やジェンダー規範をあらわす，ひとつの手がかりとなると考えるからである．
次章では，1960年代から2010年までを対象として，NHK『図説　日本人の
生活時間』を取り上げ，生活時間からみたジェンダー規範と働き方について検
討する．

注

1）「婦人労働の実情」には，公文書版と市販版がある．本章では，1952年から1977年ま
　　では公文書版を，1979年版から市販版をもとに分析をおこなっている．

2）「労働省」は2001年の省庁再編で「厚生労働省」となった．本書では，資料の掲載表示
　　にしたがって使用する．

3）「婦人労働の実情」は，1993年版より「働く女性の実情」に名称変更をしている．1993
　　年版から1997年版までは，労働省婦人局（編）「働く女性の実情」，1998年版から2004
　　年版までは労働省女性局（編）「女性労働白書」（2000年版からは，厚生労働省雇用均
　　等・児童家庭局（編）），2005年からは厚生労働省雇用均等・児童家庭局（編）「女性労
　　働の分析」に，それぞれ所収されている．なお，本章では，「婦人労働の実情」と「働
　　く女性の実情」は，内容に継続性があることより，1993年版以降についても，「婦人労
　　働の実情」と記載する．

4）1950年代〜1960年代の記述については，労働省婦人少年局（1953；1954；1955；1956；
　　1957；1958；1959；1960；1961；1962；1963；1964；1965；1966；1967；1968；1969；
　　1970；1971）参照．

5）調査で取り上げられている8大産業とは，建設業，製造業，卸売業・小売業，金融・保
　　険業，不動産業，運輸通信業，電気・ガス・水道業，サービス業である．

6）調査におけるパートタイマーとは，「1日，1週あるいは1か月の所定労働時間が当該
　　事業所の一般労働者の所定労働時間より短い労働者」とされている．

7）この時点では，パートタイマー雇用の定義や定型というものはない．そのため，労働時
　　間がフルタイマーとあまり差がないものも含まれていることを指摘している（労働省
　　1966：40）．さらに1966年では，パートタイマーや短時間雇用者という用語は出てこな
　　いが，週当たり労働時間別に女性雇用者の就業状態をみている．それによれば，女性雇

95

用者全体でみると，週43～48時間のものが全体の63％を占めており，週35時間未満のものは約4％である．有配偶者については週35時間未満のものは約7％となっている．女性雇用者が増加傾向にある中で，週35時間未満の短時間雇用者の割合は低い（労働省　1967：47）．

8）1970年代の記述については労働省婦人少年局（編）（1970；1971；1972；1973；1974；1975；1976；1977；1978；1979；1980）参照．

9）無業者とは「ふだん収入を得ることを目的とした仕事に従事していない者すなわち，ふだん仕事を全くしない者と，ときたま臨時的にしか仕事をしない者」であり，短時間勤務とは，「ここでは雇われたい勤務時間が1日6時間以下，または1日6時間をこえても1週34時間以下の仕事」をいう（労働省　1970：27）．

10）ここでは事業所における呼称，身分に関係なく，1日，1週あるいは1か月の所定労働時間が当該事業所の一般的な労働者より短い者をさす．

11）1980年代の記述については，労働省婦人少年局（編）（1980；1981；1982；1983；1984；1985；1986；1987；1989）を参照．

12）1990年代の記述については，労働省婦人少年局（編）（1990；1991；1992），労働省婦人局（編）（1993；1994；1995；1996；1997），労働省女性局（編）（1998；1999；2000）参照．

13）2000年代の記述については，厚生労働省雇用均等・児童家庭局（編）（2001；2002；2003；2004；2005；2006；2007；2008；2009；2010），参照．

14）Dulk, L.（1999）'Work-Family Arrangements in the Netherlands: The Role of Employers' in Dulk, L et al.（eds.）*Work-Family Arrangements in Europe*, Thela Thesis, pp. 21-40.

　　Fransson, S., Johansson, L. and Svenaeus, L.（2001）*Highliting pay differentials between women and men*, SCB.

　　Kuijsten, A. and Schulze, H.（1997）'The Netherlands: the Latent Family' in Kaufman, F. and Schulze, H. and Strohmeier, K（eds.）*Family Life and Famly Policies in Europe*, Oxford University Press, pp. 253-301.

　　Mörtvik, R. and Regner, A.（1997）The Labour Market and Part-Time Work in Sweden in Klein, M.（ed.）*Part-Time Work in Europe*, Campus, pp. 187-194.

15）週間就業時間数が35時間未満の非農林業の短時間雇用者をさす．

第4章

生活時間からみたジェンダー規範と働き方

はじめに

　序章でも述べたように，時代の変化にともなって，「夫は外で働き，妻は家庭を守るべきである」という男女の性別役割分業に関する意識は変化してきている．一方，女性の働き方をみると，依然として家事・育児などの家庭責任を理由に離職する女性は少なくない．そして中高年になり再就職をしても，その多くはパートタイム労働を選択しており，女性のライフスタイルに大きな変化はみられない．こうした側面からはジェンダー規範が維持されているととらえることも可能である．他方，有配偶女性の就業率の上昇や男性の意識の変化などにより，ジェンダー規範のゆらぎも指摘されている（中川　2011）．これらについて，変化の兆しを見いだすことはできるのだろうか．

　こうした問いに対して，本章では生活時間に着目する．生活時間は個人の選択に基づいており，女性の主体的な時間の使い方からジェンダー規範の推移を見ることができると考える．

　そこで，NHK「国民生活時間調査」をもとにし，5年ごとの調査後に出版されている[1]，NHK放送文化研究所編『日本人の生活時間』，NHK放送世論調査所編『日本人の生活時間』およびNHK世論調査部編『図説　日本人の生活時間』（以下，すべてNHK『日本人の生活時間』とし，NHK（刊行年）で出典を示す）を取り上げる．「国民生活時間調査」は，集計データのみが公表されているが，『日本人の生活時間』は，公表されている調査結果に加えて独自のテーマによる詳細な分析結果が掲載されている．生活時間を扱う調査には総務省統計局

「社会生活基本調査」もあるが,「国民生活時間調査」には,「社会生活基本調査」にはない古いデータの蓄積がある. 最初の調査である1960年から現在に至るまで, 5年ごとに調査が実施されている[2]. そのため, 高度経済成長期以降から2010年までの50年間の長期的な傾向をおさえることが可能となる. さらに調査年によっては, 副業(内職・パート・アルバイト)の有無を尋ねている. これは女性の働き方の変化を検討するのに重要な手がかりとなる. こうした理由により,『日本人の生活時間』を取り上げる. 本章では, 主として女性に焦点をあて, 生活時間の配分についての推移と特徴を検討する.

1 ▶「労働時間」の変化と働き方

女性は1日何時間「働いて」きたのか. 1960年代から, 多くの女性が仕事をしながら家事を担っているという生活スタイルは, 大きく変化していない. しかし, 1970年代以降女性がパートタイマーとして雇用されて働くようになると, たとえば自営業主や家族従業者であった場合に比べて仕事時間と場所が決められるため, 仕事と家庭責任の葛藤が生じたと推測できる. その葛藤は1980年代になり, パートタイマーやフルタイマーの増加といった, 雇われて働く既婚女性の増加によりさらに深まったと考えられるが, それをどのように調整してきたのだろうか. 本節では,『日本人の生活時間』を取り上げ, 年代別の平日の諸行動に関する平均時間[3]に着目する. そして, 1970年代以降の働き方の違いによる「労働時間」[4]の特徴について, その調整過程を検討する.

具体的には, ①女性の就業率の変化と働き方, ②年代による働き方の変化, ③パートタイマーの「労働時間」, を検討する. NHK「国民生活時間調査」[5]の調査方法は何度か変更されている. たとえば, ①1960年, 1965年は翌日面接法・アフターコード法, ②1970〜1990年は配布回収法・アフターコード法, ③1995年[6]・2000年・2010年は配布回収法・プリコード法である.

表4-1では,「国民生活時間調査」で使われている「家庭婦人」, および,

第4章｜生活時間からみたジェンダー規範と働き方

表 4-1 「家庭婦人」，「主婦」についての用語の推移

年	家庭婦人	主婦
1960	家庭において，家事を主として行っている婦人	家庭婦人で統一されている
1970	家庭にいて家事を主としている婦人	ほかに職業を持たず，家庭にいて家事を行っている，いわゆる主婦専業の女性
1973	主として家事に従事している女性	専業主婦（副業を持たず家にいて家事に専念している女性），および副業を持つ女性
1975	主として家事に従事している女性	家にいて主に家事をしている女性，いわゆる主婦専業女性 職業を持っている女性は含まれない
1980	主として家事に従事している女性	家にいて主に家事をしている女性．副業を持つ女性を含む
1985	主として家事に従事している女性	配偶者の有無に関係なく，家にいて，主に家事に従事している女性 独身女性も一部含まれる
1990	主として家事に従事している女性	主婦を既婚女性（離別・死別は除く）とし，その中を5つにわける．①専業主婦，②フルタイム，③パートタイム（②と③をあわせて共働き女性の勤め人），④勤め人以外の有職者（フルタイム，パートタイムを含む），⑤その他．この主婦に関しては新しい分類のため時系列比較はできない
1995	主として家事に従事している女性	家庭婦人に統一されている
2000	主として家事に従事している女性．パートタイムは含めない	主婦という言葉は使われていない
2005	調査分類において「家庭婦人」に代わり「主婦」となる	分析では，主婦を「有職主婦」と「専業主婦」に分けている
2010	なし	主として家事に従事している女性
2015	なし	主として家事に従事している女性

（出所）NHK「国民生活時間調査」，『日本人の生活時間』（各年版）より筆者作成．

『日本人の生活時間』で使用される「主婦」という用語について年代順に整理した．「国民生活時間調査」の調査分類項目である「家庭婦人」の定義は，「主として家事に従事している女性」としてほぼ統一されている．しかし，『日本人の生活時間』で使用される「主婦」という用語は，年代によりその意味する

範囲が異なっており統一されていない．

そのため以下では，各年に定義されている意味にそって「主婦」という用語を使用する．

（1）男性の「労働時間」の推移

まず，図 4-1 にもとづき男性有職者を対象に，仕事時間と家事時間の合計時間（本章では以下，「労働時間」とする）の推移を確認する．

1970 年調査では男性の有職者の「労働時間」は 8 時間 42 分である．1975 年の調査では 8 時間 13 分，1980 年の調査では 8 時間 24 分，1985 年では 8 時間 51 分である．ここまでは，仕事時間も次第に伸びてきている．1990 年調査になると 8 時間 49 分，1995 年調査では 8 時間 35 分となり，この年の仕事時間は減少する．2000 年調査の「労働時間」は 8 時間 58 分，2005 年調査でも 8 時間 58 分，2015 年調査では 9 時間 5 分となる．2000 年代に入ると「労働時間」が 9 時間前後になり，家事時間も少し増える傾向にある．

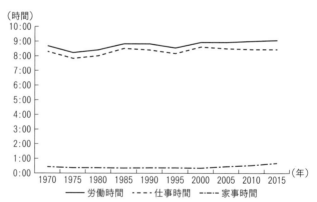

図 4-1　男性有職者の労働時間・仕事時間・家事時間の推移
　　　　（1970-2015）（平日）

（注）労働時間＝仕事時間＋家事時間
（出所）NHK『日本人の生活時間』各年版，および『データブック　国民生活時間調査 2015』より筆者作成．

しかしながら，男性有職者の平日は，仕事時間が家事時間に比べて圧倒的に長く配分されている．家事時間も増えてはいるものの，最長でも2015年の38分であり，女性に比べてかなり短い．これは，後にみる女性の生活時間の使い方とは異なっている．

　次に，女性の「労働時間」，仕事時間，家事時間について，年代ごとに振り返る．

（2）女性の「労働時間」の推移

① 働きかたにみる「労働時間」のちがい　1960年代

『日本人の生活時間』（NHK　1963：182）[7]によれば，1960年調査において家庭婦人は家事におよそ6時間半，仕事に2時間半，合計9時間の労働を担っている．戦前に比べれば，家事などに費やす時間はかなり減っているが，それは世帯主の職業によって異なる．すなわち，世帯主が俸給生活者や工場労務者の場合主婦の多くは家事に専念できるが，世帯主が自営業で主婦がその家族従業者である場合には，仕事と家事の2つを担わなければならない．

　「国民生活時間調査」の前身の調査である1941年の調査からは，農家の女性は，家事におよそ3時間から4時間を，農業労働には約7時間から8時間半を費やしている．また，小売業の家庭婦人は，家事のためには6時間から6時間30分を，家族従業者としての仕事に約4時間から5時間を費やしている．他方，俸給生活者の主婦は9時間半から10時間半を，工場労務者の主婦は10時間から11時間半を家事に費やしている．ここから，「労働時間」を比較すると，農家の主婦は約10時間から12時間半，小売業の主婦が約10時間から11時間半である（NHK　1963：182-3）．

　1960年代初めは，家族従業者として就業している既婚女性の割合が高かったこともあり，「仕事も家事もすべて」一手に引き受けていた者が多かったと推測できる．他方，調査に出てくる「俸給生活者や工場労務者の主婦」の家事時間からは，日常の生活を維持するためには，家事に長い時間を費やす必要が

101

あったことがみてとれる.

②既婚女性の「労働時間」 1970年代から1980年代

〈1〉「労働時間」の推移

『日本人の生活時間 1970』では,「第三章 家事に明けテレビに暮れる主婦の生活」というタイトルの章が設けられている(NHK 1971：114)[8]. 20歳以上の女性のうち,有職者と主婦の占める割合をみると,有職者が49.1%,主婦が42.1%である. 有職者が多いものの主婦の割合も半数近くにのぼる.

また,有職者の年齢別の内訳をみると,未婚者も多い20代だけではなく,40代,50代でも主婦より有職者の方が多い. 40代以上の有職者の大半は農家の主婦である(NHK 1971：118). さらに,主婦の内訳をみると,サラリーマン家庭の主婦が66%,農家や商店の主婦が20%,その他が14%となっている. 女性の「主婦化」の兆しがうかがえる. 次に,「労働時間」,仕事時間,家事時間をみる. 図4-2と図4-3は,女性有職者および家庭婦人について,「労働時間」,仕事時間,家事時間の推移を示したものである[9].

図4-2によれば1970年調査の家庭婦人の「労働時間」は合計9時間9分である. 1960年と比較すると仕事が1時間16分減少し,家事時間が45分増加している[10]. 高度経済成長期を経て,家電製品の普及や生活様式の変化により家事時間が短縮される要因は増えているにもかかわらず,1960年から1970年の10年間に家事時間は増加している. また,図4-3より女性有職者の「労働時間」をみると,主婦が前述の9時間9分であるのに対して,有職女性は10時間24分であり有職女性の「労働時間」が長い. 仕事の有無にかかわらず「労働時間」は長時間である.

この時期のジェンダー規範を表す記述として,「"妻の座"は最高にしあわせ」,や,ウーマン・リブの影響についても「いまのところ大部分の家庭の主婦はそれとは無縁の存在であり」,「なごやかな平和な家庭で暮らす生活」を希望しており,「男性中心に作られた現在の社会は,当分の間安泰といえよう」

第 4 章 | 生活時間からみたジェンダー規範と働き方

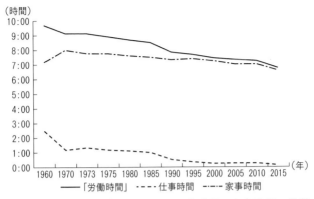

図 4-2　家庭婦人の「労働時間」，仕事時間，家事時間の推移（1960〜2015）（平日）

（注）「労働時間」＝仕事時間＋家事時間
（出所）NHK『日本人の生活時間』各年版，および『データブック　国民生活時間調査 2015』より筆者作成．

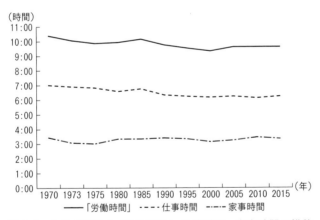

図 4-3　女性有職者の「労働時間」，仕事時間，家事時間の推移（1970〜2015）（平日）

（注）「労働時間」＝仕事時間＋家事時間
（出所）NHK『日本人の生活時間』各年版，および『データブック　国民生活時間調査 2015』より筆者作成．

と結ばれている（NHK　1971：160-2）.

　次に，1973 年の調査より，有職女性の「労働時間」をみると 10 時間 01 分である. 他方，専業主婦は 8 時間 40 分であり，有職女性が 1 時間 21 分長くなっている. なお，「あなたは，現在，副業（パートタイムやアルバイトも含む）を持っていますか」という質問項目があげられ，選択肢として「副業あり，1 日あたり 4 時間以上」,「副業あり，1 日あたり 4 時間未満」,「副業なし」, という区分がなされている. たとえば，「労働時間」をみると，有職女性が 10 時間 1 分，副業 4 時間以上の主婦が 10 時間 54 分，副業 4 時間未満の主婦は 10 時間 6 分，専業主婦が 8 時間 40 分となっており，副業 4 時間以上の主婦の「労働時間」が最も長い（NHK　1974）.

　「副業の有無」についての比較は，次項で検討するが，主婦であってもパートや内職をしている場合には，仕事時間に比例して「労働時間」が長くなっている. これは以降に増加してくるパートタイム労働者の「労働時間」を考察する際の手がかりとなろう.

　ところで，図 4-4 に見られるように，1975 年は女性の就業率が底をうち，専業主婦となった女性が多いことを示している. それでは，「労働時間」はどのように変化したのだろうか.

　1975 年調査の「年層別にみた主婦と女性有職者の割合」から 20〜50 代をみると，20 代が主婦（43%）・有職者（50%），30 代は主婦（57%）・有職者（42%），40 代は主婦（40%）・有職者（60%），50 代は主婦（43%）・有職者（54%）となっており，30 代で主婦の割合が高く，40 代，50 代は有職者の割合が高い. ただし，主婦のなかで内職やパートなど何らかの副業を持っている者は，主婦全体で 2 割を超えていることにも留意する必要がある.

　主婦のなかで仕事をした者の割合を年層別に見ると，40 代が最も高く，次いで 50 代，30 代，20 代となっている. 40 代，50 代の主婦は仕事をした者も多く時間も長い. そして，家事負担が減る 40 代や 50 代は，余裕ができた時間を仕事に割り当てていると考えられる. また，女性有職者の「労働時間」は

104

第 4 章 | 生活時間からみたジェンダー規範と働き方

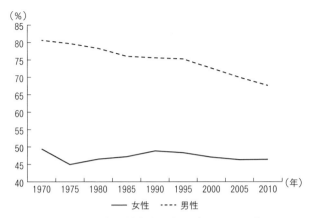

図 4-4 男女の就業率の変化（1968～2010）
（出所）総務省統計局「労働力調査（基本集計）」より筆者作成．

9時間54分，主婦の「労働時間」が8時間55分であり，女性有職者が長い（NHK 1976）．

以上から，主婦が多い時代とはいえ，そのなかには副業をもっている主婦が2割以上存在しており，また，副業を4時間以上おこなっている主婦の「労働時間」は，長時間に及んでいることがわかる．主婦として「家事」を一手に引き受けながらも，さらに「仕事」を担っている．つまり，「女性は家庭」というジェンダー規範のもとでも，「家事」という役割を全面的に引き受け，さらに副業という働き方で調整をしながら「仕事」も担っている女性が存在していたことを意味していると考えられる．

1980年の調査によれば，女性有職者の「労働時間」は9時間57分，主婦（内職やパートなどの副業を持つ者を含む）は8時間42分である．主婦の家事時間の推移をみると，1970年の7時間57分から7時間36分へと減少している．主婦がおこなっている家事のなかで，最も変化の大きいものは「縫い物・編み物」であり，行為者率が1970年の36％から，1980年の25％へと減少している．また注目すべき点として，仕事時間の分布があげられる．女性有職者の仕

事時間の分布は，1975年に比べて「6時間以下の者」が18％から25％へと増加しており，パートタイムなど短時間の仕事をする人が増えたことが指摘されている．さらに女性有職者では，仕事時間により家事時間が大きく左右されている．これは，仕事時間の長さと家事時間がトレード・オフにあることが示唆されており，家事時間を捻出するために仕事時間を調整することにつながるのではないだろうか[12]．

1985年調査からは，女性有職者の「労働時間」は10時間7分，主婦の「労働時間」は8時間31分となっており，女性有職者が長い．この時期は，男女有職者ともに仕事時間が増加している．

〈2〉「副業あり」の主婦

『日本人の生活時間　1973』では，「第Ⅳ章　婦人と生活」において，家庭婦人と有職婦人に分けた分析がなされている．主婦には，専業主婦（副業をもたず，家にいて家事に専念している主婦）と内職やパートなどの副業を持っている主婦が含まれている．その内訳は，以下の通りである．

主婦のうち，「副業あり　1日あたり4時間以上」は11％，「副業あり　1日あたり4時間未満」が14％，「副業なし（専業主婦）」は75％，である．副業ありの主婦は全体の25％にのぼっている．主婦の年代別でみると，「副業」を持っている者の割合は，24～29歳で22％，30～39歳で33％，40～54歳で32％となっている．ここから，子育てが一段落した主婦は余裕ができた時間を，副業の仕事時間に配分し，これが主婦の「仕事時間増」という現象につながっているとみられる，と分析している（NHK　1974：149）．

このように，1973年の調査では，主婦のなかでも「副業あり，1日あたり4時間以上」，「副業あり，1日あたり4時間未満」の区分がなされている．「副業あり，1日あたり4時間以上」の主婦の「労働時間」は10時間54分，「副業あり，1日あたり4時間未満」の主婦では10時間6分となっている．専業主婦の8時間40分と比べても，「副業あり」の主婦の「労働時間」は長く，

第4章 生活時間からみたジェンダー規範と働き方

とりわけ「副業が1日あたり4時間以上」の主婦が，女性有職者の平均を超えて最も長くなっている．女性有職者の場合は，仕事の時間は長いが家事の時間が専業主婦に比べてかなり短い．それに対して，「副業が1日あたり4時間以上」の主婦の場合は，仕事時間もかなり長いうえに，家事時間も約6時間のため，「労働時間」が長くなっている．すなわち，自らを主婦と位置づけ副業を持っている場合には，専業主婦と同様の「女性が家事」というジェンダー規範のもと，「仕事」が加わり長時間の「労働時間」になっていると考えられる．仕事（副業）の有無にかかわらず，女性は「家事担当者」であるという実態に変わりはない．

　この傾向は，1980年の調査でもみられる．1980年では「副業あり」の主婦の「労働時間」は10時間1分，「副業なし」の主婦は8時間17分となっている．また，図4-3でみたように，女性有職者の「労働時間」は9時間57分である．これらは，「主婦」とよばれるなかにも，自宅内外で副業をしながら「家事と仕事」を担っている女性は有職者と同程度，さらに「副業4時間以上」の場合には有職者以上に働いていた．副業を持つ主婦は，その仕事時間にかかわらず，家事時間を減少させることなく，長い「労働時間」となっている．主婦であるからには，家庭責任を担うというジェンダー規範のあらわれと言えよう．これが1985年の調査では「副業あり」の主婦の「労働時間」は9時間27分，「副業なし」の主婦は8時間9分となっている．女性有職者の「労働時間」は10時間7分である．「副業あり」の主婦の「労働時間」は，女性有職者と「副業なし」の専業主婦との間のような存在になっており，「副業あり」の主婦は，仕事と家事との両方の負担がきわめて大きい（NHK　1986）．また，「副業」という短時間の仕事は，現在のパートタイム労働にも通ずるところがある．この時期の「副業」の経験が，パートタイム労働の展開へとスムーズにつながったのではないだろうか．さらに，時間配分の優先順位にも着目したい．すなわち女性有職者では，日曜日は平日に比べ仕事時間は短くなるが，家事時間が長くなるために「労働時間」は長いままである．また，余暇活動時間は男性より

107

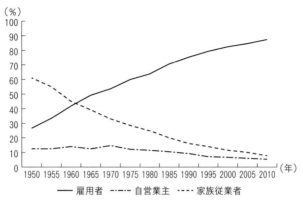

図 4-5 女性の従業上の地位別割合（1950〜2010）
（出所） 総務省統計局「国勢調査」より筆者作成.

短い．この点は，仕事時間に次いで優先されるのが余暇ではなく，家事であり，家事の拘束性の高さを示しているといえよう．

ところで，1980年代になると，**図 4-5** にみるように，女性の雇用者比率も増加し続ける．

この点について『日本人の生活時間 1985』では，女性雇用者の増加と家族従業者の減少傾向により，女性は家の「外」に出て仕事をするように変化したと指摘する．つまり，「女性の雇用者化」により，仕事をおこなう場所が変化したということである．さらに，主婦が仕事をおこなった場所についても具体的に示される．主婦の仕事場所として，「自宅内」でおこなった仕事と，「自宅外」でおこなった仕事とに分けて検討している．「自宅外」で仕事をしている者の割合は，「自宅内」で仕事をしている者よりもやや少ない．他方，「自宅内」で仕事をしている者の割合は 1970 年以来減少傾向にあるが，「自宅外」で仕事をする者の割合は増加傾向にある．また，仕事時間をみると，「自宅外」で仕事をしている者の方がやや長い（NHK　1986：125）．

ここまで，内職・パートなどの「副業」をもつ主婦の「労働時間」に注目した．1970 年代には「主婦化」が進展したといわれるが，調査結果からは，女

性有職者に含まれない主婦のなかに、「副業あり」の主婦が含まれており、その割合が2割から3割に達していることがわかる。「家事を主に担っている」という主婦のなかに、「家事も仕事も」担いながら副業をしている主婦が存在しており、「副業なし」の主婦に比べて「労働時間」が1時間以上も長いことが示される。

　これらは、「主婦」とよばれるなかでも、1980年の調査と同様に、自宅内外で副業をしながら「家事と仕事」を担っている女性は女性有職者と同程度に、さらに「副業4時間以上」の場合にはそれ以上に働いていたといえる。副業を持つ主婦は、その仕事時間にかかわらず家事も担い「労働時間」が長い。主婦であるからには家庭責任を担う、というジェンダー規範は色濃く影響を与えていたといえよう。

（3）1990年代から2000年代

①「労働時間」の推移

　1990年の調査の女性有職者の「労働時間」は9時間45分、主婦は7時間49分である（NHK 1992）[13]。1995年の調査では、女性有職者の「労働時間」は9時間33分、主婦の労働時間は7時間42分である。また、男女の家事時間の差に注目し、家事時間の使い方は日本社会の「基本的・伝統的な仕組みの反映」であるとする（NHK 1996：42）。

　2000年の調査によれば、女性有職者の「労働時間」は9時間20分、主婦の「労働時間」は7時間25分である。『日本人の生活時間　2000』では、40年間の推移を振り返っている。すなわち、1960年代から1970年代は女性の雇用者化が進んだが、1980年代以降は短時間雇用者や有配偶雇用者の増加が著しかった。また、家事時間が減少したことで、レジャー活動の増加とともに働く女性の増加につながったと述べている（NHK 2002）。

　2005年の調査では、女性有職者の「労働時間」は9時間34分、主婦の「労働時間」は7時間19分である。特に、女性の生活時間から、結婚をきっかけ

109

に女性が家事を担うこととなる，つまり，「家庭内で家事の切り盛りをする人＝主婦の誕生」(NHK 2006：140) を意味するものであると，家事と女性の役割の関係を分析している．

2010 年の調査では，女性有職者の「労働時間」は 9 時間 34 分，主婦の「労働時間」は 7 時間 15 分である．ここでは，1970 年代以降にみられる仕事スタイルに変化の兆しがあるとし，「社会活動の 24 時間化」という時代の流れを指摘している．この点もパートタイム労働者の増加に影響を及ぼしているといえる (NHK 2011：88)．また，2015 年の調査では，女性有職者の「労働時間」は 9 時間 36 分，主婦の「労働時間」は 6 時間 43 分となっている．主婦の家事時間が減少し，その結果，「労働時間」が 32 分減少したことが特徴的である (NHK 2016)．次に，女性のパートタイムとフルタイムによる生活時間の違いを検討する．

② パートタイムとフルタイム

1990 年の調査では，主婦を既婚女性 (離別・死別は除く) とし，5 つに分類している．すなわち，① 専業主婦，② フルタイム，③ パートタイム (②と③は共働き女性の勤め人)，④ 勤め人以外の有職者 (フルタイム，パートタイムも含む)，⑤ その他，である．

ここからは，上記の分類にならい，① 専業主婦，② フルタイム，③ パートタイムに着目してみていく．専業主婦の「労働時間」は 7 時間 56 分，フルタイムは 10 時間 45 分，パートタイムは 10 時間である．フルタイム，パートタイム，専業主婦の順に「労働時間」が長いことがわかる．

また，主婦の 1 日を時刻別にみると，パートタイムとフルタイムの行動パターンは似ている．すなわち，生活必需行動や家事，仕事，自由時間の時刻別行動時間をみると，フルタイムとパートタイムは「炊事」時間のとりかかりや，仕事時間帯，夕食の準備などに時間の早い遅いの違いはあるものの，非常によく似た行動パターンをとっている．こうした傾向について「パートは，専業主

婦とフルタイムの中間的存在のようにみえるが，実態はフルタイムに近く，行動のパタンはフルタイムと類似している」と指摘する（NHK　1992：102）．

　さらに1995年の調査より，女性の勤め人をフルタイムとパートタイムに分けて週にならして比較すると，フルタイムの「労働時間」は8時間50分，パートタイムの「労働時間」は8時間39分となる．フルタイムとパートタイムの「労働時間」をみると，フルタイムは仕事時間が2時間8分長いが，パートタイムは家事時間が1時間57分長く，「労働時間」にそれほど大差はない．この点について，「労働時間」以外の使い方を視野に入れた場合，フルタイムとパートタイムの女性は仕事と家事へのウエイトの付け方は異なるものの，「同じ有職女性」ということで生活の大枠は似通っている，と指摘する（NHK 1996：127）．

　ここから，パートタイムを選択する人は子どもの世話などで家事時間を削ることができず，家事優先となっていることが示唆される．働く女性のジェンダー規範は，就業形態を選択する際に影響を及ぼす．結婚を機に「主婦」になった女性は，「家事」に追われる．フルタイムを選択する女性労働者に対しては，1985年に「男女雇用機会均等法」が成立し，女性労働者の「仕事と家庭の両立」が議論となった．しかし，女性パートタイム労働者の「仕事と家庭」の両立は，特に政策的なテーマとはならなかった．パートタイムを選択した女性は「仕事と家庭の両立」は前提であり，「仕事と家庭の両立」を個人の問題として内部化し処理してきたといえる．この点において，女性のパートタイム労働者とフルタイム労働者の「仕事と家庭」の両立に対するジェンダー規範は強いが，この時代の「両立支援」政策は，フルタイムを対象としていた点がパートタイム労働者と対照的である．

　それに対して，男性有職者は既婚か未婚かで生活時間の使い方に大きな変化はみられない．とりわけ，既婚女性に比べて家事時間の変化は少ない．つまり，男性の役割として家事の負担はほとんどみられない．既婚女性は，パートタイムであれ，フルタイムであれ「家庭責任」を担っている[14)]．

ここからは，男女間の仕事時間と家事時間のバランスが，それぞれの仕事時間量だけに規定されているのではなく，ジェンダー規範にも影響を受けていることがわかる．

　ところで，1985年に「男女雇用機会均等法」が制定され，女性の働き方にも変化の兆しがみえはじめた．それは，図4-6の「女性有職者の仕事時間量分布の時系列変化」にもみることができる．

　仕事時間をみると，1980年以降，「6時間から8時間」は少なくなってきたため，「6時間以下」，「8時間以上」の相対的比率は高まり，仕事時間の二極化が始まってきている．1日の仕事時間が「6時間以下」の人の増加は，パートタイムとして働く人の増加のあらわれであろう．

　2005年の調査では，「急増するパートタイム労働者」として，働く女性に焦点があてられている．この年は，女性のパートタイムとフルタイムに関する詳

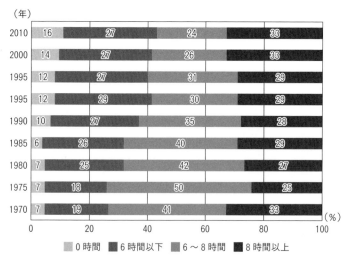

図4-6　女性有職者の仕事時間量分布の時系列変化（1970〜2010）（平日）
（注）時間の区分に関しては統計の記載に従っている．
　　1995年の調査方法の変更により直接の比較はできない．ただし，時系列での比較のために調整した数値も記載されている．そのため，1995年が2つある．
（出所）NHK（2002：51；2011：11）より筆者作成．

しいデータが掲載されている．以下，2005年の調査結果を中心に取り上げる．フルタイムとパートタイムの特徴として，パートタイムの増加は女性を中心としたものであったことをふまえ，既婚者と未婚者の比率から，結婚がパートタイムへの転機となっているのではないかと提起され，子どもの有無別構成でも，幼児・在学期の子どもを持つのはパートタイムの方が多いことが述べられている．これは，結婚や出産というライフイベントにより，就業形態が変化していることをあらわしている（NHK　2006）．

それではこのフルタイムとパートタイムの働き方は，実際にはどのような違いとなっているのだろうか．平日の仕事時間は，フルタイムで仕事時間は7時間54分，パートタイムで5時間3分となっている．仕事については，パートタイムよりフルタイムの方が長い．さらに，**図4-7**から仕事時間量の分布をみると，フルタイムでは7時間から11時間の間に集中しているが，パートタイムの場合にはより広い範囲に分散していることがわかる．

図4-8は30分ごとの家事の平均行為者率を示している．

フルタイム女性と比べた特徴として，パートタイム女性は仕事に行く前と，仕事を早く切り上げて帰宅し，家事をしている者が多い．家事については，こ

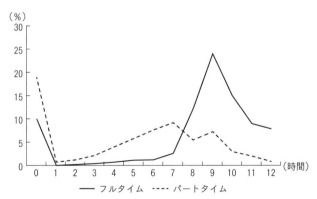

図4-7　フルタイム・パートタイム別・仕事時間量分布（平日・女性勤め人）(2005)
（出所）NHK（2006：123）より筆者作成．

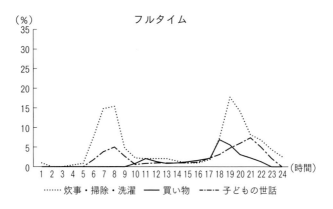

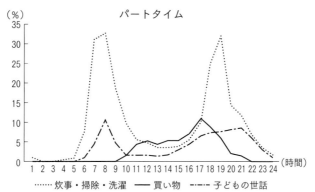

図 4-8　フルタイム・パートタイム別・内容別に見た家事の 30 分ごとの平均行為者率（平日・女性勤め人）(2005)

（出所）NHK（2006：127）より筆者作成．

れまで見てきたようにフルタイム女性に比べてパートタイム女性の時間量は多かったが，行為者率もフルタイムよりもパートタイムのほうが高い．既婚者も圧倒的に多い．結婚しているかどうかといった構成の違いが，家事の行為者率と時間量の違いに影響していると考えられる，と述べる（NHK　2006：125）．

　次に，図 4-9 より，フルタイムとパートタイムの仕事時間，家事時間，「労働時間」を比較する．

第4章 | 生活時間からみたジェンダー規範と働き方

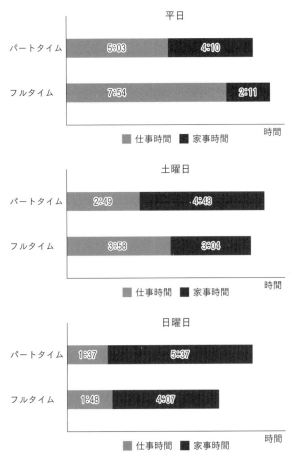

図 4-9 フルタイム・パートタイム別・仕事と家事時間の時間量（3曜日・女性勤め人）(2005)
（出所）NHK (2006：129) より筆者作成.

　まず仕事時間は，平日，土曜日，日曜日ともフルタイムの方が長い．次に家事時間は，平日，土曜，日曜ともパートタイムが長い．「労働時間」は，平日はフルタイムが10時間5分，パートタイムが9時間13分とフルタイムの方が長いが，土曜日と日曜日には，それぞれ逆転してパートタイムが長くなる．

また，平日の仕事時間に注目すれば，フルタイムの仕事時間とパートタイムの仕事時間では約3時間の差が生じている．しかし，家事時間については2時間ほどパートタイムの方が長い．他にも，炊事・掃除・洗濯は，パートタイムのほうが1時間9分長いと指摘されている．また，フルタイムもパートタイムも土曜日，日曜日に家事時間を増加させている（NHK 2006：124）．

このように，フルタイムとパートタイムに共通する時間配分の枠組みは，性別役割分業に関する社会的要請が同じ範疇にあることを意味すると考える．それは，女性は主婦になれば「家庭責任」を担うというジェンダー規範である．これが変化しない状況ではフルタイムで働き続けることは容易ではない．これまでみたように，パートタイムを選択する人は，家庭責任により時間を割いている．そして「仕事と家庭」を両立させるため，自らの仕事時間を短縮すること，つまり，パートタイムを選択することで調整する．女性の就業に関しては，すでに多くの「仕事と家庭」の両立支援政策がおこなわれてきた．しかし，その両立支援は，おもにフルタイムの仕事を前提とし，「男女雇用機会均等法」や「育児休業」は，女性の「仕事（フルタイム）と家事」という役割を支援するものであることが示唆される．

三菱UFJリサーチ＆コンサルティング（2013）では，25～44歳の有配偶女性の雇用形態を，2000年と2010年で比較している．それによれば，正規労働者と非正規労働者では，有配偶女性全体に占める労働者割合の変化に違いがある．すなわち，① 有配偶女性全体に占める非正規労働者の割合は全ての年齢層で上昇しているのに対し，② 有配偶女性全体に占める正規労働者の割合は，25～34歳の年齢層でのみ上昇していることを指摘する．そのうえで，「非正規雇用の拡大が有配偶女性の就業率を支えてきたと考えられる」と述べている．また，女性の非正規雇用の中心はパートタイム労働者であることも指摘している（三菱UFJリサーチ＆コンサルティング 2013：11）．このように，既婚女性の多くはパートタイム労働者として働いている．そのうえで，たとえ「仕事と家庭の両立支援」制度が充実していったとしても，政策対象としてフルタイム労働

者に焦点があたっているのであれば，「家庭責任」の多くを担っている既婚女性が働く際には，パートタイムという働き方が現実的な選択肢となってしまっているといえよう．

③まとめ

　以上，1960年代から2000年代における「労働時間」の変化について振り返った．家庭婦人についてみると，①「労働時間」は減少していること，②家事時間の推移は，1960年から1970年にかけていったん伸びるが，その後減少していること，③1990年以降の仕事時間は減少しているが，これは調査方法の変更にも影響を受けている可能性が考えられる．

　次に，女性有職者についてみると，①「労働時間」は減少しているが，主婦に比べてその減少幅は狭いこと，②仕事時間は減少していること，③家事時間は，1975年までは低下傾向に，その後はゆるやかに増減を繰り返し，2015年は1970年と比べて2分減少したこと，がわかる．女性有職者の「労働時間」は，2000年代に入りゆるやかな増加傾向を示している．

　こうした傾向と女性の働き方を照らし合わせてみると，①女性の就業率は上昇しているが，女性がおもに家事を担っている状況は変わっていないこと，②働き方は，1960年代の自営業主，家族従業者が中心の時代から，専業主婦が増加し，その後パートタイムとして働く既婚女性が増えたこと，③女性有職者の仕事時間の変化より，短時間労働者（パートタイム）が増加していること，が明らかになった．女性がおもに家事を担うというジェンダー規範は変わっていないが，既婚女性の働き方は，パートタイム中心へと変化している．また，有職男性については，生活時間の使い方や働き方に大きな変化はみられない．

　こうした一連の傾向は，序章でみた性別役割分業に関する意識調査の結果とは異なり，現実では依然として意識と実態にズレが生じており，理想を実現できない現実生活との矛盾があらわれているといえよう．

2 ▶ 考　察

これまで，女性の就業形態の違いと「労働時間」（仕事時間と家事時間の合計）の変化を中心に検討した．最後に，「男性は仕事，女性は家庭」という性別役割分業が，主婦が雇われて働くようになり直面した雇用規律との間でどのように調整されてきたのか，そのプロセスを考察する．

（1）「仕事も家事も」から「女性は家事」へ

1960年代は，農業や家族従業者が多く，仕事時間も家事時間も長かった．長時間の家事時間は，生活水準を保つための必要時間であったと考えられる．この時代は「仕事も家事も」のジェンダー規範であった．

1970年代半ばになると，専業主婦の「女性は家事」とジェンダー規範の仕事と家事のウエイトが変化する．そして仕事時間が縮小され，家事時間が優先される．並行して家電製品が普及し家事の省力化が可能になり，家事の水準をあまり低下させることなく，仕事時間を伸ばす余地が生じた．そこで，仕事を持つ，あるいは持たない，のいずれもが，女性のライフスタイルとして選択可能となる．専業主婦は，1960年代と同様に家事を担い，仕事からは一定の距離をおく存在として位置づけられる．1975年に専業主婦化の流れがピークをむかえるが，すぐに女性有職者も増加し始める．しかし，3つのグループ——女性有職者と，副業を持っていた主婦と，専業主婦——のうち，副業を持っていた主婦に注目すれば，彼女たちにとって，「家事」は依然としておもな役割であった．そして，パートタイム労働は，家事を遂行するためのかつての内職にかわり，中心的な選択肢となっていった．

以上より，仕事と家事時間から見た変化として，女性は，① 仕事から離れて家事に専念する層（専業主婦）と，② 仕事も家事も担っている層（主婦・副業あり，女性有職者）に分かれていったと考えられる．いずれの層も，1960年代に

比べると仕事時間は減少しており，生活時間に占める仕事の割合も働き方も変化した．しかし，家事時間の長さをみれば，「女性は家事」という役割に変化はみられない．ジェンダー規範は，女性は1960年代にみられた「長時間の仕事と家事」から，1970年代は専業主婦を中心に，「女性は家事」へと変化したといえよう．

（2）「家事も仕事も」——フルタイムとパートタイム

1980年代は，労働力不足が顕著になりパートタイム労働者は増加していった．また，1985年に「男女雇用機会均等法」が成立し，若年女性の働き方に変化が見え始めた時期でもあった．「女性の雇用者化」がすすみ，主婦（専業主婦，副業ありの主婦）にとっても，家庭外での仕事と家事の区分が明確になり，「仕事か家事か」という選択が意識にのぼってくる．「男女雇用機会均等法」により，いわゆる「男性並み」に働く意欲をもつ女性に注目が集まり，雇用されて働くという環境ができ，仕事への比重が高まる．こうした，フルタイム労働の拡大により，女性労働者が雇用規律とジェンダー規範の間での葛藤に直面することとなる．

それと同時に，家庭責任を果たすための政策が，女性の「仕事と家庭の両立支援」という形で現れてくる．ただしすでに自営業主や家族従業者として「男性並み」，あるいは，それ以上の時間を「労働時間」に費やしていた経験は持っていた．また，1970年代にみられたような，「長時間パートタイム」の経験もあった．多くの既婚女性にとっては，雇用規律とジェンダー規範の間での葛藤が生じることを経験的に認識していたとはいえないだろうか．そして，この家事と雇用規律との葛藤を仕事時間の短縮（パートタイム労働）という形で処理したと考えられる．以前から家庭責任を担い続けてきた既婚女性にとって，改めてパートタイム労働が，仕事と家事の両立の選択肢として認識されるようになる．再び，「女性は家事も仕事も」である．

ジェンダー規範は，フルタイムにもパートタイムにも同様に求められている．

女性のＭ字型就労がなかなか変化しないことも指摘されてきた．こうした状況では，女性が雇用規律と家庭責任との葛藤を調整する手段として，パートタイム労働を選択せざるを得ない．

すなわち，「家事も仕事も」という，家事と雇用規律との葛藤を，仕事時間の短縮と時間帯の調整で折り合いをつけたのがパートタイム労働であるといえよう．

（3）まとめ

ここまで生活時間調査を通して年代ごとのジェンダー規範の変化をみた．それは，1960年代の「仕事も家事もすべて」から，1970年代には「女性は専業主婦」という一時期をへて「仕事（副業）と家事」，1980年代は「家事も仕事も」へと移った．その過程で，フルタイムを念頭においた仕事と家庭の「両立支援」政策が打ち出されるようになる．ただし，ここで最初に想定されていたのは「女性」のための両立支援であり，その意味では，1960年代の「仕事も家事もすべて」と共通するものがある．それは依然として，女性が家庭責任を担うという点である．他方，実態としては「仕事と家庭」の両立は難しく，結婚や出産にともない，フルタイムから退出する女性が多い結果となった．

この限りにおいて，2000年代までは，「仕事と家事」のウエイトの置き方に変化を見いだすことはできるが，女性が雇用規律へ対応するために選んだものは，家事の外部化だけではなかった．それは，すべてではないにしても，自らがその責任を可能な限り担うという選択であり，働き方をジェンダー規範にあわせるように調整した．以上より，ジェンダー規範は，変化をともないながらも，生活実態に対して強固に作用していたといえよう．

つづいて，第5章では有配偶女性の仕事と家事・育児時間をより詳細に分析する．

第 4 章 生活時間からみたジェンダー規範と働き方

注

1) 1965 年調査を除く.

2) 「国民生活時間」調査の前身として 1941 年にも調査が実施されている. また, 1973 年
には中間調査が実施されている.

3) 矢野は, 全員の平均時間は個人の使い方を表したものではなく, 対象とする社会の「総
体」を反映した「社会の時間」の使い方を表す指標であると述べている（矢野　1995：
54）. ジェンダー規範も「社会の時間」の使い方を要請しているものの一つとしてとら
えることができると考える. そのため, 本章では「全員平均時間」を使用する.

4) 仕事時間と家事・育児時間の合計を指す.

5) この調査は, 全国 10 歳以上の国民を対象としており, 10 月におこなわれている. 調査
対象者の抽出は層別 2 段階無作為抽出法による. 詳細は, 「日本の生活時間」各年版を
参照.

6) 1995 年の調査方法の変更時には時系列比較のためのアフターコード法による調査も実
施されており, 時系列比較が可能となっている（NHK　2002：38）.

7) 以降, 本章における数値については特に注記のない限り『図説　日本人の生活時間』に
よる.

8) 本文中のデータは, 各版の本文中の記述および巻末の統計表による. NHK 放送世論調
査所（編）（1971；1976；1982）, NHK 世論調査部（編）（1986）, 参照.

9) なお, 1990 年の調査から, パートの仕事を持っている人は「職業を持っている人」に
「パートも含みます」と回答するように調査票上で指示がなされた. 1985 年以前は特に
指示をしておらず, 回答者調査相手の判断によっていた. したがって, パートタイム労
働者は「有職婦人」「副業あり主婦」の両方にそれぞれ含まれていた可能性があったが,
1990 年の調査より, 違いが明確になった. これは, 図 4-2 にみられる, 1990 年の仕事
時間の減少に影響を与えたと考えられる（NHK　1992）.

10) 1960 年の値は参考値として比較している.

11) この年は, 1970 年と 1975 年の間の中間調査として位置づけられている.

12) 家事時間と仕事時間は負の相関関係があるという研究結果もある（渡辺　2016）.

13) 1990 年代から 2000 年代の調査結果は, NHK 世論調査部（編）（1992；1996；2002；
2006；2011）, 参照.

14) この段落の記述は, 1990 年調査, 1995 年調査, 2000 年調査の比較による.

第 **5** 章

パネルデータからみた有配偶女性の働き方

は じ め に

1980 年代半ばより，労働時間の長さが問題として認識されるようになった．2018 年の働き方改革では，残業時間の上限規制が設けられ，心身の健康面の問題だけではなく，生活の質という側面からも，長時間労働を問題としてとらえることが重要となった．また，ワーク・ライフ・バランスの観点からも，男女の働き方と家庭責任の担い方の双方が課題となる．

「男性は仕事，女性は家事・育児（家庭）」というジェンダー規範は，実際の生活時間の使い方に依然として影響を及ぼしている（田中 2017）．他方，すでに序章でみたように，いくつかの調査からは，性別役割分業に関する男女の意識も変わっており，女性の働き方についての女性の意識も変化していた．確かに女性の労働力率は上昇し，継続就業を選択する女性も増加している．

こうした意識の変化は，生活実態にどのような変化をもたらしているのであろうか．

本章では，1997 年から 2015 年までの 18 年間の仕事と家事・育児時間に着目し，有配偶女性とその夫の時間の長さが，どのように推移したのかを確認する．分析にあたり慶應義塾大学経済学部附属経済研究所パネルデータ設計・解析センターより「消費生活に関するパネル調査」（以下，JPSC という）の個票データの提供を受けた．これを用いて，仕事と家事・育児時間の長さから，1997 年から 2015 年までの 18 年間の変遷をみる．まず，男女別・就業形態別にその変化を，次に，記述統計量から就業形態別に末子の年齢と学歴の変化の推移を

検討する.

　なお，本章の構成は以下の通りである．第1節では，使用データの概要について述べる．第2節では，生活時間の推移について，回帰分析をおこなう．第3節は，女性の属性別就業形態の分布を比較する．第4節は，結論である.

1 ▶「消費生活に関するパネル調査」の概要と特徴

　JPSC は，1993年から2021年の第29回調査まで毎年実施されてきた．調査の目的は，女性とその家族の生活実態について，「仕事」「家計」「生活」などの側面から明らかにすることとされている．この調査の特徴は，パネル調査で実施されていることである.

　パネル調査は，同一個人を継続的に調査し，その時系列を把握する調査である．1993年をパネル1とし，年の経過とともにパネル番号が振られている．調査の対象は，以下の通りである.

　第1回調査（1993年）では，全国から，層化2段無作為抽出により，1,500人を抽出している．対象は，24歳から34歳の女性，調査方法は，訪問留置調査法である．その後，ほぼ5年おきに対象者が追加されている．第5回調査（1997年）では，全国の満24歳から27歳の女性が500人追加されている.

　また，第11回調査（2003年）では，満24歳から29歳の女性，836人が追加されている．さらに，第16回調査（2008年）では，満24歳から28歳の女性，636人が，第21回調査（2013年）には，満24歳から28歳の女性648人が追加されている.

　調査の内容はおもに，家計と，生活行動や意識である．家計については，収入，支出，貯蓄，家計管理の実態などを尋ね，生活行動や意識については，就業状態や生活時間，余暇などを尋ねている．既婚女性（調査では有配偶女性）の場合，「家計」や「就業」では，配偶者についても尋ねている.

　調査の特徴として，平日と休日の生活時間についても尋ねていることをあげ

124

第 5 章｜パネルデータからみた有配偶女性の働き方

ることが出来る．具体的には，① 通勤・通学，② 仕事，③ 勉学，④ 家事・育児，⑤ 趣味・娯楽・交際などの各項目に，1 日どのくらいの時間を費やしているのかを，10 分単位で尋ねている．

本章では，JPSC の 1993 年から，2015 年までの個票データを用いる[1]．また，分析対象は 28 歳から 38 歳までの有配偶女性とその夫を対象とする．なお，1993 年から 1996 年までは年齢の高い女性がいないため，28 歳から 38 歳までのサンプルをとることができない．そこで，1997 年以降を分析対象としている．

2 ▶ 仕事時間と家事・育児時間に関する分析

本節では，1997 年から 2015 年までの，18 年間のデータをもとに，① 子どものいる有配偶女性についての末子の年齢ごと，学歴ごとの構成，② 妻と夫の仕事時間，家事・育児時間の年次変化，③ 就業形態別にみる末子の年齢の割合の推移，④ 妻と夫の仕事時間と家事・育児時間の決定要因，⑤ 有配偶女性の就業形態の分布について検討する．

（1）子どものいる有配偶女性の末子の年齢ごと，学歴ごとの構成

有配偶で子どものいる女性について，子どもの数，末子の年齢ごと，学歴ごとの構成比率を示す．

まず，データに基づき，子どものいる有配偶女性について，末子の年齢や学歴といった区分ごとの構成比を確認する．**表5-1** は区分ごとの構成比を示している．構成項目ごとに該当する場合を 1，しない場合を 0 とするダミー変数を設定し，各ダミー変数について平均値，標準偏差を示したものである．平均値は各区分全体に対する構成比を示す．

各区分について特徴をみる．就業形態別で見るとほぼ半分がパート・アルバイトで，専業主婦が 22％，正社員が 28％と，子どものいる有配偶女性の 4 分

125

表 5-1　記述統計量

項目・区分	女性全体		専業主婦		正社員		パートアルバイト	
	平均値	標準偏差	平均値	標準偏差	平均値	標準偏差	平均値	標準偏差
専業主婦	0.219	0.414	1.000	0.000	0.000	0.000	0.000	0.000
正社員	0.276	0.447	0.000	0.000	1.000	0.000	0.000	0.000
パート・アルバイト	0.504	0.500	0.000	0.000	0.000	0.000	1.000	0.000
子どもの数	1.629	0.986	1.758	0.919	1.259	1.039	1.689	0.989
末子の年齢								
0歳	0.116	0.321	0.166	0.372	0.112	0.315	0.030	0.170
1～3歳	0.327	0.469	0.411	0.492	0.271	0.444	0.219	0.413
4歳以上で入学前	0.183	0.387	0.180	0.385	0.128	0.334	0.233	0.423
小学1～3年	0.135	0.342	0.109	0.312	0.102	0.302	0.210	0.408
小学4～6年	0.063	0.242	0.038	0.191	0.058	0.233	0.112	0.315
中学生	0.018	0.132	0.010	0.100	0.016	0.124	0.034	0.180
高校生以上	0.002	0.046	0.000	0.019	0.004	0.066	0.003	0.059
学歴								
中学校卒	0.052	0.223	0.060	0.238	0.024	0.152	0.061	0.239
高等学校	0.376	0.484	0.362	0.481	0.280	0.449	0.477	0.500
短大・高専	0.404	0.491	0.412	0.492	0.422	0.494	0.376	0.484
大学・大学院	0.168	0.374	0.166	0.372	0.274	0.446	0.087	0.282
観測数	10,460		5,277		2,294		2,889	

（出所）筆者作成. 以降出所の記載がないものは筆者作成とする.

の3以上が働いていることがわかる. また, 末子の年齢で見ると, 専業主婦と
正社員は, 末子が1～3歳の子どもがいる割合が最も高い. パート・アルバイ
トは, 1歳以上から小学校3年までが高くなることが特徴的である. 学歴につ
いては, 専業主婦, 正社員とも短大・高専の割合が高く, パート・アルバイト
は高卒の割合が最も高い. 子どもの数については, 専業主婦, パート・アルバ
イト, 正社員の順に多い.

（2）分析結果　平日の仕事時間と家事・育児時間の推移

　本節では, 生活時間の実態を把握するために, 仕事時間と家事・育児時間に
焦点をあて, その推移をみる. その際に, 平日を対象とする. それは, 夫婦間
での仕事と家事・育児の分担は, 平日にその違いが顕在化すると考えるからで

第 5 章 | パネルデータからみた有配偶女性の働き方

ある[2]．なお，以下の表記においては，有配偶女性を「妻」と，有配偶女性の夫を「夫」とする．

① 妻の仕事時間の変化

図 5-1 は，妻の仕事時間を，妻全体，妻が正社員[3]，パート・アルバイトの場合について示している．1 日当たりの仕事時間をみると，18 年間で，① 妻全体の平均時間は，3 時間から 4 時間へと 1 時間程度のびていること，② 正社員の場合の仕事時間は，8 時間弱で推移していること，③ パート・アルバイトは，5 時間から 6 時間の間で推移していること，がわかる．いずれにしても，妻の仕事時間は長くなっている．

正社員および，パート・アルバイトの仕事時間には大きな変化がない．それにもかかわらず，全体の平均時間がのびている．それは，有配偶女性の就業率上昇によるものと考えられる．

② 妻の家事・育児時間の変化

図 5-2 は，妻の家事・育児時間を，妻全体，専業主婦，正社員，パート・アルバイトの場合について示している．1 日当たりの家事・育児時間は，18 年

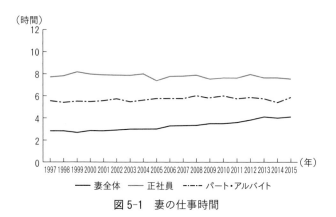

図 5-1　妻の仕事時間

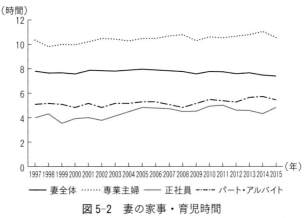

図 5-2 妻の家事・育児時間

間で，① 妻全体では，1 日 7 時間台で，やや短くなる傾向にあるが大きくは変化していないこと，② 専業主婦の家事・育児時間は，上昇傾向にあり，10 時間から 11 時間へとのびていること，③ 正社員の家事・育児時間は，おおむね 4 時間台で推移していること，④ パート・アルバイトの家事・育児時間は 5 時間台で変化しており，1997 年に比べると 2015 年は，30 分程度増加していることが，みてとれる．妻全体の家事・育児時間は低下しているが，専業主婦の家事・育児時間はのびており，かつ長時間である．その次に，家事・育児に時間をかけているのは，パート・アルバイトである．正社員の家事・育児時間は短い．

③ 夫の仕事時間

図 5-3 は，夫の仕事時間を，夫全体，妻が専業主婦の場合，妻が正社員の場合，妻がパート・アルバイトの場合について示している．1 日当たりの仕事時間は，18 年間で，妻が正社員，妻がパート・アルバイトの場合には，おおむね 1 日 10 時間前後と，正社員の妻の仕事時間が約 8 時間であるのと比べて長い．ただし，妻が専業主婦の場合は，2005 年までは，夫全体と同様であるが，

第 5 章 | パネルデータからみた有配偶女性の働き方

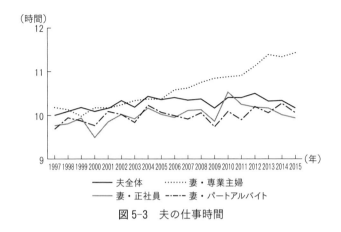

図 5-3　夫の仕事時間

その後は伸びが著しく，2015 年には 1 日 11 時間を大きく上回っている．妻が専業主婦の男性の仕事時間は長くなっている．近年は，妻が正社員の場合は，2010 年をピークに減少傾向にある．妻がパート・アルバイトの場合は，増加傾向にあったが 2015 年は減少している．

④ 夫の家事・育児時間

　図 5-4 は，夫の家事・育児時間を，夫全体，妻が専業主婦の場合，妻が正社員の場合，妻がパート・アルバイトの場合について示している．図 5-4 より，18 年間で，① 夫全体の家事・育児時間は，1 日 1 時間程度であり，1997 年と 2015 年では，20 分程度上昇していること，② 妻が専業主婦の家事・育児時間は，1 日 1 時間未満で，ほぼ横ばいであること，③ 妻が正社員の家事・育児時間は，増加傾向にあり，1 時間を上回っていること，④ 妻がパート・アルバイトの家事・育児時間は，増加傾向にあり，1 時間弱であること，がわかる．

　家事・育児時間については，妻が正社員，パート・アルバイトのいずれの場合にも，およそ 1 日 1 時間前後である．妻が専業主婦の場合には，1 時間を下回って推移している．妻が正社員の場合に最も長い．いずれの場合も，18 年間で，10 分から 20 分程度，増加している．妻が仕事をしている夫の家事時間

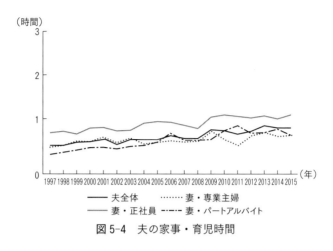

図 5-4　夫の家事・育児時間

は長くなっている.

　ここまでは,妻と夫の仕事時間および家事・育児時間の平均を概観した.次に,仕事時間と家事・育児時間の傾向について確認する.

（3）仕事時間と家事・育児時間の傾向

　図 5-1 から図 5-4 をもとに,就業形態別に傾向を確認する.仕事時間の平均は夫婦で差があり,妻全体と夫全体を比べると,夫の方が 6 時間程度長い.対して,家事・育児時間の平均は,妻の方が 6 時間程度長い.したがって,仕事と家事・育児時間の合計は,妻と夫では,ほぼ同じである.ただし,その内訳は異なっている.

　夫の仕事時間は,妻が正社員やパート・アルバイトの場合に比べると専業主婦の場合に長く,家事・育児時間は短い.夫全体の仕事時間は,おおむね 10 時間半であり,妻が正社員の場合と比べても,長い時間を費やしている.他方,専業主婦の家事・育児時間は,11 時間近くになっており,妻が正社員,パート・アルバイトの場合に比べても長時間である.妻は,家事・育児時間のほとんどを担っている.仕事時間と家事・育児時間の合計時間は,夫婦間で大きな

差はないが，仕事と家事・育児については，夫婦間で役割分業がなされている．

　また，妻が正社員の場合の夫の仕事時間は，妻よりも3時間程度長い．妻の家事・育児時間は，およそ5時間弱程度で，専業主婦やパート・アルバイトの妻に比べて，最も短い．しかし，夫の家事・育児時間は，1時間程度であることから，仕事時間と家事・育児時間の合計は，妻の方が長くなる．夫婦で共稼ぎの場合でも，家事・育児はおもに妻が担っている．

　さらに，妻がパート・アルバイト場合の夫の仕事時間は，妻が正社員の場合と同じくらい長く，家事・育児時間は，1時間を下回っている．他方，妻は，仕事時間が短いが，家事・育児時間はおよそ5時間と，専業主婦に次いで長い．その結果，仕事と家事・育児の合計時間は，妻も夫も11時間程度である．家事・育児はおもに妻が担っている．

　この18年間で，女性の就業率は上昇しているが，夫が家事・育児を分担するようになったとはいえない．確かに，夫の家事・育児時間が，10分から20分程度増加しており，そこに意識の変化をみることができる．しかし，夫婦間での家事・育児は，おもに妻が担っているのが実態である．妻が，専業主婦であれ，正社員であれ，パート・アルバイトであれ，夫の家事・育児時間の傾向に，大きな変化はみられない．有配偶女性にとって，仕事の有無や，就業形態の違いにかかわらず，家事・育児の主たる遂行者としての役割は，変わっていない．こうした背景には，夫の長時間労働の現状がある．**図5-4**にもみられるように，妻の就業形態にかかわらず，夫は1日およそ10時間を，仕事に費やしている．仕事時間が長ければ，それだけ家事・育児へ時間を振り分けることが難しくなる．男女で平等に家事・育児を担うためにも，夫の働き方を変えることが，まず必要である．

（4）夫婦の仕事時間と家事・育児時間の決定要因

　本節では，夫婦それぞれの仕事時間，家事・育児時間を被説明変数とし，子どもの数，末子の年齢，区分ごとのダミー変数を説明変数として通常の最小自

乗法により回帰分析をおこなう[4]．推定結果を**表 5-2** から**表 5-5** に示す．なお，基準は「子どもがいない人」である．

　以下では，妻と夫について，それぞれ妻が専業主婦，正社員，パート・アルバイトである場合に分けて検討する．

　まず，被説明変数が妻の仕事時間の推定結果（**表 5-2**）をみる．正社員は，子どもの数の係数が有意に正，末子の年齢（高校生以上を除く）の係数が有意に負である．パート・アルバイトは，子どもの数と末子の年齢（中学生・高校生以上を除く）の係数が，有意に負である．いずれも，末子の年齢が幼いと仕事時間が短くなる．子どもの数が増えると，正社員では仕事時間が増えるが，パー

表 5-2　推定結果（妻の仕事時間の決定要因）

説明変数		妻全体	正社員	パート・アルバイト
子どもの数		0.039	0.171**	-0.137**
		(0.048)	(0.079)	(0.054)
末子の年齢				
	0 歳	-5.033***	-6.518***	-2.790***
		(0.155)	(0.207)	(0.264)
	1～3 歳	-3.374***	-1.719***	-0.585***
		(0.135)	(0.184)	(0.163)
	4 歳以上入学前	-2.544***	-0.980***	-0.799***
		(0.148)	(0.220)	(0.162)
	小学 1～3 年	-1.974***	-0.992***	-0.518***
		(0.154)	(0.232)	(0.159)
	小学 4～6 年	-1.156***	-1.018***	-0.294*
		(0.180)	(0.266)	(0.173)
	中学生	-0.854***	-0.896**	-0.120
		(0.273)	(0.409)	(0.234)
	高校生以上	0.374	-1.126	-0.985
		(0.728)	(0.723)	(0.643)
定数項		5.424***	8.915***	6.187***
		(0.152)	(0.205)	(0.168)
観測数		10,925	2,284	2,844
自由度修正済決定係数		0.163	0.405	0.0715

カッコ内の数値は標準誤差．
*** は 1 ％で，** は 5 ％で，*10％で有意である．
分析には年次ダミーを入れている．

ト・アルバイトでは減る．0歳～小学生の子どもがいる場合，正社員，パート・アルバイトのいずれも仕事時間を減らすが，その大きさは正社員の方が大きい．

次に，被説明変数が妻の家事・育児時間の推定結果（**表5-3**）をみると，正社員を除き，すべてのケースで子どもの数は有意に正となっている．また，すべてのケースで末子の年齢（高校生以上を除く）は有意に正となっている．末子の年齢の効果は，パート・アルバイトが最も小さい場合が多い．

末子の年齢が幼いほど，家事・育児時間は長くなる．有配偶女性が働きに出る際には，とりわけ，末子の年齢が重要であることが示唆される．

表5-3　推定結果（妻の家事・育児時間の決定要因）

説明変数		妻全体	専業主婦	正社員	パート・アルバイト
子どもの数		0.187***	0.208***	-0.086	0.336***
		(0.048)	(0.058)	(0.086)	(0.071)
末子の年齢					
	0 歳	8.892***	7.788***	8.552***	6.362***
		(0.157)	(0.213)	(0.224)	(0.346)
	1～3 歳	6.180***	6.527***	3.270***	3.085***
		(0.137)	(0.196)	(0.200)	(0.214)
	4 歳以上入学前	3.882***	4.085***	2.154***	2.419***
		(0.149)	(0.213)	(0.239)	(0.212)
	小学 1～3 年	2.635***	2.712***	1.871***	1.652***
		(0.156)	(0.228)	(0.252)	(0.209)
	小学 4～6 年	1.769***	1.979***	1.636***	1.108***
		(0.182)	(0.286)	(0.289)	(0.226)
	中学生	1.738***	2.334***	1.170***	1.245***
		(0.277)	(0.463)	(0.444)	(0.307)
	高校生以上	-0.086	-1.144	1.142	-0.181
		(0.738)	(2.190)	(0.786)	(0.844)
定数項		3.134***	4.873***	1.672***	2.787***
		(0.153)	(0.212)	(0.223)	(0.221)
観測数		10,971	5,192	2,283	2,844
自由度修正済決定係数		0.397	0.383	0.514	0.266

カッコ内の数値は標準誤差．
*** は1％で，** は5％で，*10％で有意である．
分析には年次ダミーを入れている．

また，被説明変数が夫の仕事時間の推定結果（表5-4）は，妻が専業主婦と，正社員の場合，末子の年齢の影響を受ける．すなわち，妻が専業主婦の場合，末子の年齢が，0歳から4歳以上入学前では，仕事時間が長くなり，中学生では短くなる．また，妻が正社員では，4歳以上の場合に仕事時間が短くなる．

被説明変数が夫の家事・育児時間の推定結果（表5-5）は，妻の就業状態にかかわらず，子どもが小学3年生までの間は，正で有意である．子どもが幼いほど，家事・育児時間の影響が大きくなるのは，妻と同じ傾向である．ただし，妻と夫では，係数に大きな差がある．幼い子どもがいるほど，夫も家事・育児

表5-4　推定結果（夫の仕事時間の決定要因）

説明変数	夫全体	妻が専業主婦	妻が正社員	妻がパート・アルバイト
子どもの数	-0.037	-0.041	0.032	0.021
	(0.033)	(0.044)	(0.083)	(0.067)
末子の年齢				
0歳	0.405***	0.395**	0.128	-0.031
	(0.106)	(0.162)	(0.217)	(0.324)
1〜3歳	0.425***	0.562***	-0.108	-0.034
	(0.092)	(0.149)	(0.194)	(0.202)
4歳以上入学前	0.266***	0.449***	-0.389*	0.049
	(0.101)	(0.162)	(0.232)	(0.200)
小学1〜3年	-0.004	0.204	-0.700***	-0.127
	(0.105)	(0.173)	(0.244)	(0.196)
小学4〜6年	-0.078	0.007	-0.545*	-0.073
	(0.123)	(0.218)	(0.280)	(0.214)
中学生	-0.371**	-1.017***	-0.945**	-0.034
	(0.188)	(0.358)	(0.429)	(0.289)
高校生以上	-0.546	-1.403	-1.367*	0.480
	(0.499)	(1.680)	(0.760)	(0.794)
定数項	9.805***	9.869***	9.982***	9.686***
	(0.103)	(0.160)	(0.216)	(0.209)
観測数	10,977	5,232	2,265	2,830
自由度修正済決定係数	0.00909	0.0118	0.0113	-0.00335

カッコ内の数値は標準誤差．
*** は1％で，** は5％で，*10％で有意である．
分析には年次ダミーを入れている．

第 5 章 | パネルデータからみた有配偶女性の働き方

表 5-5　推定結果（夫の家事・育児時間の決定要因）

説明変数	夫全体	妻が専業主婦	妻が正社員	妻がパート・アルバイト
子どもの数	-0.016	-0.019	0.028	-0.038
	(0.016)	(0.020)	(0.042)	(0.033)
末子の年齢				
0 歳	0.853***	0.900***	0.778***	1.140***
	(0.051)	(0.074)	(0.109)	(0.158)
1 ～ 3 歳	0.726***	0.624***	0.988***	1.113***
	(0.045)	(0.068)	(0.098)	(0.099)
4 歳以上入学前	0.512***	0.454***	0.695***	0.680***
	(0.049)	(0.074)	(0.117)	(0.098)
小学 1 ～ 3 年	0.359***	0.358***	0.430***	0.485***
	(0.051)	(0.079)	(0.123)	(0.096)
小学 4 ～ 6 年	0.223***	0.195*	0.183	0.390***
	(0.060)	(0.100)	(0.142)	(0.104)
中学生	0.212**	0.521***	0.127	0.248*
	(0.091)	(0.163)	(0.219)	(0.141)
高校生以上	-0.144	0.269	-0.340	-0.024
	(0.240)	(0.766)	(0.382)	(0.386)
定数項	0.145***	0.076	0.276**	-0.036
	(0.050)	(0.073)	(0.109)	(0.102)
観測数	10,909	5,207	2,249	2,809
自由度修正済決定係数	0.0652	0.0482	0.115	0.110

カッコ内の数値は標準誤差
*** は 1 ％で, ** は 5 ％で, *10％で有意である.
分析には年次ダミーを入れている

時間が長いが，妻に比べると，その係数は小さい．すなわち，夫も，子どもが幼いほど，家事・育児を担うが，その影響は小さい．また，子どもが幼い間は，家事・育児負担が大きいため，仕事時間を短くするということも考えられたが，末子の年齢により，仕事時間が短くなるという，明確な傾向はみられなかった．その理由については，依然として，女性の家事・育児責任が大きいことが，背景として推測できる．夫は，子どもが幼い場合には，より大きな家計の責任を担うのかもしれない．

　以上より，夫婦の家事・育児時間に着目すると，夫婦ともに，末子の年齢に

影響を受けることがわかる．専業主婦とパート・アルバイトの妻は，子どもの数にも影響を受ける．子どもの数や末子の年齢の影響は，有配偶女性の就業状態ごとに異なっている．

3 ▶ 有配偶女性の就業形態の分布

　第2節では，有配偶女性とその夫の仕事時間，家事・育児時間について，18年間では大きな変化がみられないこと，末子の年齢に影響を受けることが明らかになった．本節では，末子の年齢別に有配偶女性の就業形態の分布を確認する．

　表5-6〜表5-9は，1997年，2002年，2007年，2012年の末子の年齢別にみた就業形態の割合である．表5-6から，1997年の末子の年齢が1〜3歳の，有配偶女性の就業形態をみると，専業主婦が73%，正社員が18%，パート・アルバイトが9%である[5]．

　しかし，表5-9から2012年では，専業主婦が59%，正社員が20%，パート・アルバイトは20%となる．専業主婦が占める割合が，14ポイント低下し，正社員は，2ポイントの上昇，パート・アルバイトは11ポイント上昇している．さらに，パート・アルバイトの占める割合について，1997年から2012年

表5-6　末子の年齢別にみた就業形態の割合（1997年）

(単位：%)

	専業主婦	正社員	パート・アルバイト	合計
0歳	83.3	16.7	0.0	100
1〜3歳	73.0	17.7	9.3	100
4歳以上入学前	55.3	15.8	28.9	100
小学1〜3年	34.9	21.1	44.0	100
小学4〜6年	32.3	21.5	46.2	100
中学生	28.6	21.4	50.0	100
高校生以上	0.0	0.0	0.0	0

第 5 章 | パネルデータからみた有配偶女性の働き方

表 5-7　末子の年齢別にみた就業形態の割合（2002 年）

（単位：％）

	専業主婦	正社員	パート・アルバイト	合計
0 歳	87.5	12.5	0.0	100
1 ～ 3 歳	63.7	16.6	19.7	100
4 歳以上入学前	58.1	10.5	31.4	100
小学 1 ～ 3 年	57.7	9.9	32.4	100
小学 4 ～ 6 年	35.0	30.0	35.0	100
中学生	37.5	0.0	62.5	100
高校生以上	0.0	66.7	33.3	100

表 5-8　末子の年齢別にみた就業形態の割合（2007 年）

（単位：％）

	専業主婦	正社員	パート・アルバイト	合計
0 歳	68.8	14.6	16.7	100
1 ～ 3 歳	62.6	22.1	15.3	100
4 歳以上入学前	56.5	14.1	29.3	100
小学 1 ～ 3 年	43.2	17.6	39.2	100
小学 4 ～ 6 年	29.0	22.6	48.4	100
中学生	33.3	0.0	66.7	100
高校生以上	0	100	0	100

表 5-9　末子の年齢別にみた就業形態の割合（2012 年）

（単位：％）

	専業主婦	正社員	パート・アルバイト	合計
0 歳	60.9	23.4	15.6	100
1 ～ 3 歳	59.2	20.4	20.4	100
4 歳以上入学前	41.6	16.9	41.6	100
小学 1 ～ 3 年	32.2	13.6	54.2	100
小学 4 ～ 6 年	25.0	25.0	50.0	100
中学生	33.3	22.2	44.4	100
高校生以上	0.0	33.3	66.7	100

を比較すると，4歳以上入学前で，13ポイント，小学1〜3年でも10ポイント上昇している．

　従来，子どもが幼いうちは専業主婦になり，子どもの手が離れたら，おもにパートタイム労働者として働きはじめるケースが中心であった．確かに，末子の年齢が幼いうちは，専業主婦が多い．しかし，専業主婦の占める割合は，減少している．

　分析の結果，末子が幼いうちから，主として，パート・アルバイトとして，働いていることがうかがえる．これは，パートタイムとして働きに出るのは，ある程度子どもの手が離れてから，という，これまでの就業パターンとは異なっている．いずれにしても，子育てが一段落してから，パートとして働くという，従来のスタイルから変化がみられる．このように，就業形態にかかわらず，幼い子どもをもつ人が増加することは，さまざまな変化をもたらすであろう．

ま　と　め

　本章では，専業主婦とその夫，正社員の妻とその夫，パート・アルバイトの妻とその夫について，① 子どものいる有配偶女性についての末子の年齢ごと，学歴ごとの構成，② 妻と夫の仕事時間，家事・育児時間の年次変化，③ 就業形態別にみる末子の年齢の割合の推移，④ 妻と夫の仕事時間と家事・育児時間の決定要因，⑤ 有配偶女性の就業形態の分布，を検討した．

　18年間に，有配偶女性の働き方は変わったのであろうか．家事時間の長さについては，1997年から2015年までの18年間で，大きな変化はみられなかった．働き方は変化しているが，女性が家事・育児の主たる担い手であることは，大きくは変化していないことが確認できた．

　しかし，変化の兆しもうかがえる．たとえば，末子の年齢が0歳から3歳の場合の，パート・アルバイトが占める割合が上昇していることが分かる．近年，

上昇している女性の就業率は，フルタイムで働く女性の増加だけではなく，幼い子どもを持つパートタイム労働者の増加の影響も大きかったといえる．

注
1）データの貸与期間が 1993 年から 2015 年であったためこの期間に限定して分析した．
2）なお，近年の初婚年齢の上昇や子ども数の低下による影響を除くため，子どもの数と末子の年齢で調整している．
3）調査票では 2012 年より，職務の選択肢が「正社員」から「正社員・正職員」へと変更されているが，本章では，すべての年において「正社員」として統一する．
4）分析では，年次ダミーも入れている．
5）1997 年は 39 歳までの女性が対象のため，末子が高校生のサンプルは含まれていない．

第 **6** 章

1994 年から 2015 年の正社員と
パート・アルバイトの賃金の推移

は じ め に

　パートタイム労働とジェンダーについて考える際に，賃金の問題は避けては
通れない．男女間賃金格差の要因の一つとして，就業形態の違いがあげられる．
本書で分析対象としている，正社員とパートタイム労働者の賃金格差が大きい
ことは，すでに多くの先行研究で指摘されている．仕事の違いにより，賃金が
異なるのは，合理性もある．しかし，正社員とほとんど同じ仕事をしているに
もかかわらず，賃金格差が生じている場合がある．さらに，正社員とパートタ
イム労働者の賃金格差が，仕事内容の違いからは説明できない場合もある．こ
うした点については，パートタイム労働者自身が納得していない場合も少なく
ない．(厚生労働省　2018b) によれば，現在の会社や仕事についての不満・不安
がある女性パートタイム労働者の割合は 54.5% であるが，そのうち，「業務内
容や仕事の責任は正社員と同じなのに正社員と比較して賃金が安い」と回答し
たものは，22.5% 存在する．

　本章の問題意識は，「正社員とパートタイム労働者の，賃金格差は縮小して
いるのか」である．この問題意識について 2 つの点から検討する．まず，正社
員とパートタイム労働者の賃金が，具体的にどのように推移してきたのかにつ
いて確認する．

　第 2 章でみたように，パートタイム労働者に対する政策としては，「パート
タイム労働法」があげられる．1993 年に制定された「パートタイム労働法」
は，これまで 3 度の改正がおこなわれている．はたして，「パートタイム労働

141

法」の改正は，パートタイム労働者の賃金の改善に影響を及ぼしたのであろうか．本章では，「パートタイム労働法」の改正前後で，正社員とパート・アルバイトの賃金格差に影響を及ぼしたのかについても検討する．

　具体的には，① 正社員とパートタイム労働者との賃金の推移，②「パートタイム労働法」の 2007 年の改正前後で，正社員とパートタイム労働者の賃金格差は，縮まったかどうか，について，回帰分析の結果をもとに検討する．第 5 章同様に，慶應義塾大学経済学部附属経済研究所パネルデータ設計・解析センターより「消費生活に関するパネル調査（JPSC）」の個票データの提供を受けた．これを用いて，1994 年から 2015 年までの，21 年間の，正社員とパート・アルバイトの賃金の推移について確認する．また，「パートタイム労働法」は 1993 年に制定され，2007 年と 2014 年の 2 度にわたって改正され，2018 年に「パートタイム・有期雇用労働法」へと改正されている．このうち，2007年の改正に着目し 2007 年以前と 2008 年以降で，正社員とパート・アルバイトの賃金格差が変化しているかどうかについて検討する．

　本章の構成は以下の通りである．第 1 節では，21 年間の正社員とパート・アルバイトの賃金の推移について，第 2 節では「パートタイム労働法」の 2007 年改正の前と後の，正社員とパート・アルバイトの賃金格差の変化について回帰分析をおこなう．第 3 節は本章のまとめである．

1 ▶ 1994 年から 2015 年までの正社員とパート・アルバイトの賃金の推移

　本節では，1994 年から 2015 年までの 21 年間を対象とし，全期間について分析した後，以下の 5 つの期間に分けて分析する．すなわち，「1994 年から 1998 年」，「1999 年から 2003 年」，「2004 年から 2007 年」，「2008 年から 2011 年」，「2012 年から 2015 年」の 5 つである．期間については，21 年分の比較は難しいため，1 年ごととはしない．また，安定的な係数を得るために，サンプ

第 6 章 | 1994 年から 2015 年の正社員とパート・アルバイトの賃金の推移

ル数を多くする必要がある．そのため，4 年または 5 年の区切りとする[1]．

（1）記述統計量

　表 6-1〜表 6-7 は，記述統計量である[2]．全期間および期間ごとに，その特徴を確認する．構成項目ごとに該当するダミー変数を設定し，各ダミー変数について平均値および標準偏差を示したものである．平均値は，各区分の全体に対する構成比を示す．

　正社員ダミーは，正社員の場合を 1，それ以外の場合に 0 とする．またパート・アルバイトダミーは，パート・アルバイトであった場合に 1，それ以外を 0 とする．賃金は対数値である．

　以下，「1994 年から 2015 年」までの正社員およびパート・アルバイトについて，概観する．

① 全期間（表 6-1）

〈1〉正社員

　平均勤続年数は，7.04 年である．

　企業規模について従業員数別にみると，最も多いのが，従業員数「100〜499 人」の 21.8%，次いで，「1000 人以上」の 20.4%，「30〜99 人」の 14.2% である．学歴別では，「中学・高校卒」が最も多く 30.3%，「大学卒」は 27.9%，「短大・高専卒」が 20.9% であった．次に，産業別にみると，「サービス業」が，最も多く 40.1%，「製造業」が 14.0%，「卸売・小売業」が 13.1% である．また，職業別では，「事務職」が最も多く 47.4%，「技術職」が 19.8%，「販売サービス職」が 15.7% である．

〈2〉パート・アルバイト

　平均勤続年数は，2.9 年である．

　企業規模について従業員数別にみると，従業員数「100〜499 人」が 19.5%，

143

表 6-1　記述統計量（全期間）

項目・区分	女性全体		正社員		パート・アルバイト	
	平均値	標準偏差	平均値	標準偏差	平均値	標準偏差
正社員ダミー	0.531	0.499	1.000	0.000	0.000	0.000
パート・アルバイトダミー	0.469	0.499	0.000	0.000	1.000	0.000
賃金の対数値	6.985	0.374	7.131	0.368	6.821	0.306
平均勤続年数	5.098	5.780	7.042	6.565	2.899	3.654
企業規模（従業員数）						
1〜4人	0.081	0.273	0.041	0.198	0.126	0.332
5〜9人	0.085	0.279	0.067	0.250	0.106	0.307
10〜29人	0.154	0.361	0.125	0.331	0.185	0.389
30〜99人	0.152	0.359	0.142	0.349	0.164	0.371
100〜499人	0.207	0.405	0.218	0.413	0.195	0.396
500〜999人	0.069	0.253	0.075	0.263	0.062	0.240
1000人以上	0.161	0.367	0.204	0.403	0.112	0.315
官公庁	0.091	0.287	0.128	0.334	0.049	0.215
学歴						
中学・高校卒	0.433	0.495	0.303	0.459	0.580	0.494
専門学校・専修学校卒	0.177	0.381	0.193	0.395	0.158	0.365
短大・高専卒	0.194	0.395	0.209	0.406	0.177	0.381
大学卒	0.188	0.391	0.279	0.449	0.085	0.279
大学院卒	0.009	0.094	0.016	0.127	0.001	0.026
産業						
農林水産業	0.005	0.069	0.004	0.063	0.006	0.075
鉱業	0.001	0.031	0.002	0.042	0.000	0.011
建設業	0.033	0.178	0.048	0.213	0.016	0.124
製造業	0.133	0.339	0.140	0.347	0.125	0.331
卸売・小売業	0.239	0.427	0.131	0.337	0.362	0.481
金融・保険・不動産業	0.078	0.269	0.118	0.322	0.034	0.181
運輸・通信業	0.035	0.183	0.038	0.191	0.031	0.174
電気・ガス・水道・熱供給業	0.004	0.064	0.005	0.069	0.003	0.058
サービス業	0.391	0.488	0.401	0.490	0.379	0.485
公務・その他	0.080	0.272	0.113	0.317	0.043	0.202
職業						
管理職	0.003	0.054	0.005	0.072	0.000	0.015
専門職	0.007	0.082	0.009	0.097	0.004	0.060
技術職	0.135	0.342	0.198	0.398	0.065	0.246
教員	0.068	0.251	0.093	0.290	0.039	0.194
事務職	0.364	0.481	0.474	0.499	0.240	0.427
技能・作業職	0.128	0.334	0.064	0.245	0.201	0.400
販売サービス職	0.295	0.456	0.157	0.363	0.452	0.498
2008年以降ダミー	0.474	0.499	0.471	0.499	0.478	0.500
タイムトレンド	13.115	6.150	12.885	6.335	13.376	5.922
交差項	0.224	0.417	—	—	—	—
観測数	18,370		9,749		8,621	

調査票では，調査年により，「常勤の職員・従業員」または「正社員・正職員」となっているが，「正社員」に統一している．

調査票では，調査年により，「技能職」あるいは「技能・作業職」となっているが，「技能・作業職」に統一している．

144

第6章｜1994年から2015年の正社員とパート・アルバイトの賃金の推移

「10〜29人」の18.5%,「30〜99人」の16.4%と続く. 学歴別では,「中学・高校卒」が58%,「短大・高専卒」が17.7%,「専門学校・専修学校卒」が15.8%である. また,産業別では,「サービス業」が37.9%と最も多く,次いで「卸売・小売業」が36.2%,「製造業」の12.5%である. さらに,職業別にみると,「販売サービス職」が45.2%と最も多く,「事務職」の24%,「技能・作業職」の20.1%となっている.

② 1994年から1998年（表6-2）

〈1〉正社員

平均勤続年数は,6.4年である. 企業規模について従業員数別にみると,「1000人以上」が,最も多く20.7%,次いで「100〜499人」の20.5%が続く. 学歴別では,「中学・高校卒」が,最も多く37%,次いで,「大学卒」が21.8%,「短大・高専卒」が21.4%となる.「大学院卒」は,最も少なく,0.6%である.

産業別にみると,「サービス業」が,最も多く29.1%,「製造業」が16.7%,「公務・その他」が16%,「卸売・小売業」が14.4%である. 職業別では,「事務職」が最も多く49.7%,「技術職」が16.2%,「販売サービス職」が12.6%である.

〈2〉パート・アルバイト

平均勤続年数は1.6年である. 正社員と4.8年の差がある.

企業規模について従業員数別にみると,「1〜4人」が,最も多く18.3%,「10〜29人」が18%,「100〜499人」が15.3%である. 正社員に比べて,企業規模の小さい会社の割合が高い. 学歴別では,「中学・高校卒」が,61.6%と最も多い. 次いで,「短大・高専卒」が18.5%,「専門学校・専修学校卒」が,14.1%である.「大学卒」は5.8%,「大学院卒」は0であった. 正社員に比べて,「中学・高校卒」の割合が高く,「大学卒」の割合は低い.

産業別にみると,「卸売・小売業」の割合が,最も高く37%,次いで「サー

145

表 6-2　記述統計（1994～1998 年）

項目・区分	全体		正社員		パート・アルバイト	
	平均値	標準偏差	平均値	標準偏差	平均値	標準偏差
正社員ダミー	0.614	0.487	1.000	0.000	0.000	0.000
パート・アルバイトダミー	0.386	0.487	0.000	0.000	1.000	0.000
賃金の対数値	6.961	0.392	7.067	0.355	6.792	0.390
勤続年数	4.561	4.547	6.427	4.608	1.595	2.339
企業規模（従業員数）						
1～4 人	0.094	0.292	0.038	0.192	0.183	0.387
5～9 人	0.083	0.276	0.062	0.241	0.117	0.322
10～29 人	0.141	0.348	0.116	0.320	0.180	0.385
30～99 人	0.150	0.358	0.154	0.361	0.145	0.352
100～499 人	0.185	0.388	0.205	0.404	0.153	0.360
500～999 人	0.052	0.223	0.057	0.232	0.045	0.207
1000 人以上	0.164	0.371	0.207	0.405	0.097	0.295
官公庁	0.127	0.333	0.160	0.367	0.075	0.263
学歴						
中学・高校卒	0.465	0.499	0.370	0.483	0.616	0.487
専門学校・専修学校卒	0.172	0.378	0.192	0.394	0.141	0.348
短大・高専卒	0.203	0.402	0.214	0.410	0.185	0.388
大学卒	0.156	0.363	0.218	0.413	0.058	0.234
大学院卒	0.004	0.062	0.006	0.079	0.000	0.000
産業						
農林水産業	0.006	0.077	0.005	0.068	0.008	0.090
鉱業	0.003	0.056	0.005	0.072	0.000	0.000
建設業	0.050	0.218	0.068	0.251	0.022	0.146
製造業	0.159	0.366	0.167	0.373	0.147	0.354
卸売・小売業	0.231	0.422	0.144	0.352	0.370	0.483
金融・保険・不動産業	0.096	0.295	0.128	0.334	0.046	0.211
運輸・通信業	0.026	0.158	0.028	0.165	0.022	0.146
電気・ガス・水道・熱供給業	0.003	0.053	0.003	0.053	0.003	0.052
サービス業	0.295	0.456	0.291	0.454	0.302	0.459
公務・その他	0.128	0.335	0.160	0.367	0.077	0.267
職業						
管理職	0.002	0.050	0.004	0.063	0.000	0.000
専門職	0.005	0.067	0.005	0.072	0.004	0.060
技術職	0.129	0.336	0.162	0.368	0.078	0.269
教員	0.087	0.282	0.121	0.327	0.032	0.176
事務職	0.417	0.493	0.497	0.500	0.290	0.454
技能・作業職	0.134	0.341	0.085	0.279	0.212	0.409
販売サービス職	0.226	0.418	0.126	0.332	0.384	0.487
観測数	2,844		1,746		1,098	

調査票では，調査年により，「常動の職員・従業員」または「正社員・正職員」となっているが，正社員に統一している．

調査票では，調査年により，「技能職」あるいは「技能・作業職」となっているが，「技能・作業職」に統一している．

ビス業」の 30.2%,「製造業」の 14.7% である. 職業別では,「販売サービス職」が, 最も多く 38.4%, 次いで「事務職」の 29%,「技能・作業職」の 21.2% である. 正社員とは異なり,「技能・作業職」が多くなっている.

③ 1999 年から 2003 年（表 6-3）

〈1〉 正社員

　平均勤続年数は, 7.3 年と,「1994 年から 1998 年」に比べて, 0.9 年伸びている. 企業規模について従業員数別にみると,「100〜499 人」が, 最も多く 20.1%, 次いで「1000 人以上」が 17.5% である. 学歴別では,「中学・高校卒」が 35.4%,「大学卒」が 22%,「短大・高専卒」が 21.1% である.

　産業別にみると,「サービス業」が, 最も多く 35.6%,「公務・その他」が 15.3%,「卸売・小売業」が 13.3% である. 職業別では,「事務職」が, 最も多く 46.2%, 次いで「技術職」の 19.4%,「販売サービス職」の 14% である.

〈2〉 パート・アルバイト

　平均勤続年数は, 2.2 年である.「1994 年から 1998 年」に比べて, 0.6 年伸びている.

　企業規模について従業員数別にみると,「10〜29 人」が 19.5% で, 最も多く, 次いで「100〜499 人」の 18.2%,「30〜99 人」の 16.9% である. 学歴別では,「中学・高校卒」が 62.8%,「短大・高専卒」が 17.7%,「専門学校・専修学校卒」が 13.7% である.「大学卒」は, 5.8% であった.

　産業別にみると,「卸売・小売業」が 37.1% と, 最も多い. 次いで,「サービス業」が 32.7%,「製造業」が 14.2% である. 職業別では,「販売サービス職」の 38% が, 最も多く,「事務職」の 27.7%,「技能・作業職」の 22.7% と続く.

表 6-3 記述統計 (1999〜2003 年)

項目・区分	全体		正社員		パート・アルバイト	
	平均値	標準偏差	平均値	標準偏差	平均値	標準偏差
正社員ダミー	0.484	0.500	1.000	0.000	0.000	0.000
パート・アルバイトダミー	0.516	0.500	0.000	0.000	1.000	0.000
賃金の対数値	6.951	0.404	7.120	0.386	6.792	0.353
勤続年数	4.684	5.473	7.281	6.313	2.247	2.898
企業規模（従業員数）						
1〜4 人	0.100	0.301	0.057	0.231	0.142	0.349
5〜9 人	0.087	0.282	0.058	0.234	0.114	0.318
10〜29 人	0.171	0.377	0.146	0.353	0.195	0.397
30〜99 人	0.160	0.367	0.151	0.358	0.169	0.375
100〜499 人	0.191	0.393	0.201	0.401	0.182	0.386
500〜999 人	0.054	0.226	0.059	0.236	0.050	0.217
1000 人以上	0.128	0.334	0.175	0.380	0.083	0.276
官公庁	0.107	0.309	0.153	0.361	0.064	0.244
学歴						
中学・高校卒	0.495	0.500	0.354	0.478	0.628	0.483
専門学校・専修学校卒	0.168	0.374	0.202	0.402	0.137	0.344
短大・高専卒	0.194	0.395	0.211	0.408	0.177	0.382
大学卒	0.136	0.343	0.220	0.414	0.058	0.234
大学院卒	0.006	0.078	0.013	0.111	0.000	0.000
産業						
農林水産業	0.009	0.095	0.008	0.090	0.010	0.100
鉱業	0.003	0.052	0.005	0.071	0.001	0.024
建設業	0.036	0.185	0.058	0.234	0.015	0.121
製造業	0.136	0.343	0.130	0.337	0.142	0.349
卸売・小売業	0.255	0.436	0.133	0.339	0.371	0.483
金融・保険・不動産業	0.078	0.268	0.116	0.321	0.042	0.200
運輸・通信業	0.028	0.164	0.032	0.176	0.024	0.152
電気・ガス・水道・熱供給業	0.005	0.070	0.006	0.075	0.004	0.064
サービス業	0.341	0.474	0.356	0.479	0.327	0.469
公務・その他	0.107	0.309	0.153	0.361	0.063	0.243
職業						
管理職	0.002	0.043	0.004	0.061	0.000	0.000
専門職	0.009	0.094	0.014	0.117	0.004	0.064
技術職	0.132	0.339	0.194	0.395	0.075	0.263
教員	0.074	0.262	0.115	0.319	0.035	0.185
事務職	0.367	0.482	0.462	0.499	0.277	0.448
技能・作業職	0.152	0.359	0.072	0.259	0.227	0.419
販売サービス職	0.263	0.441	0.140	0.347	0.380	0.485
観測数	3,284		1,590		1,694	

調査票では，調査年により，「常勤の職員・従業員」または「正社員・正職員」となっているが，正社員に統一している．
調査票では，調査年により，「技能職」あるいは「技能・作業職」となっているが，「技能・作業職」に統一している．

第 6 章｜1994 年から 2015 年の正社員とパート・アルバイトの賃金の推移

④ 2004 年から 2007 年（表 6-4）

〈1〉正社員

平均勤続年数は，6.7 年である．

企業規模について従業員数別にみると，「100〜499 人」が 22.7％で，最も多く，次いで「1000 人以上」の 18％，「30〜99 人」の 14.6％である．学歴別では，「中学・高校卒」が 32.1％，「大学卒」が 23.7％，「短大・高専卒」が 23.2％である．

産業別では，「サービス業」が，41.2％と最も多い．次いで，「製造業」が 13.6％，「卸売・小売業」が 13.5％である．職業別では，「事務職」が 49.8％と最も多く，「技術職」が 20.9％，「販売サービス職」が 14.5％である．

〈2〉パート・アルバイト

平均勤続年数は，2.6 年である．

企業規模について従業員数別にみると，「100〜499 人」が最も多く 21.4％，次いで「10〜29 人」の 17.2％，「30〜99 人」の 16.5％である．学歴別では，「中学・高校卒」が 58.5％，「短大・高専卒」が 19.2％，「専門学校・専修学校卒」が 15.1％である．「大学卒」は 7.2％である．特徴的なこととして，学歴構成の変化がうかがえる．前の期間と比較すると「中学・高校卒」が 62.8％から 58.5％へと，4.3 パーセントポイント低下した．他方，「短大・高専卒」が 17.7％から 19.2％へと 1.5 パーセントポイント増え，「専門学校・専修学校卒」も 13.7％から 15.1％へと 1.4 パーセントポイント増えている．さらに，「大学卒」は 5.8％から 7.2％へと 1.4 パーセントポイント高くなっている．いずれも，この時期から，パートタイム労働者にも高学歴化が進んでいるといえる．

産業別では，「卸売・小売業」が最も多く，38.4％である．また，「サービス業」が 34.4％，「製造業」が 13.3％となっている．職業別では，「販売サービス職」が，最も多く 41.8％，「事務職」が 25.9％，「技能・作業職」が 20.9％

149

表 6-4　記述統計（2004〜2007 年）

項目・区分	全体		正社員		パート・アルバイト	
	平均値	標準偏差	平均値	標準偏差	平均値	標準偏差
正社員ダミー	0.517	0.500	1.000	0.000	0.000	0.000
パート・アルバイトダミー	0.483	0.500	0.000	0.000	1.000	0.000
賃金の対数値	6.949	0.368	7.097	0.364	6.790	0.298
勤続年数	4.708	5.592	6.675	6.568	2.602	3.163
企業規模（従業員数）						
1〜4 人	0.082	0.274	0.049	0.215	0.117	0.322
5〜9 人	0.087	0.282	0.070	0.254	0.106	0.308
10〜29 人	0.146	0.353	0.121	0.326	0.172	0.378
30〜99 人	0.155	0.362	0.146	0.353	0.165	0.371
100〜499 人	0.221	0.415	0.227	0.419	0.214	0.410
500〜999 人	0.075	0.264	0.084	0.278	0.065	0.247
1000 人以上	0.141	0.348	0.180	0.384	0.099	0.299
官公庁	0.093	0.291	0.123	0.329	0.061	0.239
学歴						
中学・高校卒	0.448	0.497	0.321	0.467	0.585	0.493
専門学校・専修学校卒	0.172	0.378	0.193	0.395	0.151	0.358
短大・高専卒	0.213	0.409	0.232	0.422	0.192	0.394
大学卒	0.157	0.364	0.237	0.425	0.072	0.259
大学院卒	0.009	0.095	0.018	0.131	0.000	0.000
産業						
農林水産業	0.004	0.065	0.005	0.070	0.004	0.059
鉱業	0.000	0.000	0.000	0.000	0.000	0.000
建設業	0.033	0.178	0.050	0.219	0.014	0.118
製造業	0.135	0.342	0.136	0.343	0.133	0.340
卸売・小売業	0.255	0.436	0.135	0.342	0.384	0.486
金融・保険・不動産業	0.071	0.257	0.104	0.305	0.036	0.187
運輸・通信業	0.035	0.183	0.038	0.192	0.030	0.172
電気・ガス・水道・熱供給業	0.005	0.067	0.005	0.070	0.004	0.064
サービス業	0.379	0.485	0.412	0.492	0.344	0.475
公務・その他	0.082	0.275	0.114	0.318	0.048	0.214
職業						
管理職	0.004	0.061	0.007	0.081	0.001	0.024
専門職	0.009	0.096	0.015	0.121	0.004	0.059
技術職	0.142	0.349	0.209	0.406	0.070	0.256
教員	0.053	0.224	0.065	0.247	0.040	0.196
事務職	0.382	0.486	0.498	0.500	0.259	0.438
技能・作業職	0.133	0.339	0.062	0.241	0.209	0.407
販売サービス職	0.277	0.448	0.145	0.352	0.418	0.493
観測数	3,531		1,826		1,705	

調査票では，調査年により，「常勤の職員・従業員」または「正社員・正職員」となっているが，正社員に統一している．
調査票では，調査年により，「技能職」あるいは「技能・作業職」となっているが，「技能・作業職」に統一している．

第6章 | 1994年から2015年の正社員とパート・アルバイトの賃金の推移

である.

⑤ 2008年から2011年（表6-5）

〈1〉正社員

平均勤続年数は，6.8年である.

企業規模について従業員数別にみると，従業員数「1000人以上」が23.2%，「100〜499人」が21.7%，「30〜99人」が12.7%である. 学歴別では，「大学卒」が，最も多く31.9%，「中学・高校卒」が26.2%，「専門学校・専修学校卒」が20.5%である. 特徴としては，大学卒の割合が高くなっている.「2004〜2007年」では23.7%であったが，31.9%へと8.2パーセントポイント増加し，学歴別でみても，「中学・高校卒」にかわり，最も多い. 大学進学率の上昇があらわれているといえよう.

産業別では，「サービス業」が41.5%と最も多い. そして，「製造業」の14.4%，「卸売・小売業」の12.8%と続く. 職業別では，「事務職」が46.1%と最も多い. 次いで，「技術職」の19.9%，「販売サービス職」の18.1%である.

〈2〉パート・アルバイト

平均勤続年数は，3.4年である.

企業規模について従業員数別にみると，従業員数「100〜499人」が21%，「30〜99人」が17.7%，「10〜29人」が17%となっている. 学歴別では，「中学・高校卒」が57.4%，「専門学校・専修学校」が16.8%，「短大・高専卒」が16.5%.「大学卒」は，9.2%となっている.

産業別では，「卸売・小売業」が39.6%と，最も多く，「サービス業」が35.9%，「製造業」が12.2%である. 職業別では，「販売サービス職」の49.7%が，最も多く，「事務職」が21.1%，「技能・作業職」が19.4%である.

151

表 6-5　記述統計（2008〜2011 年）

項目・区分	全体		正社員		パート・アルバイト	
	平均値	標準偏差	平均値	標準偏差	平均値	標準偏差
正社員ダミー	0.531	0.499	1.000	0.000	0.000	0.000
パート・アルバイトダミー	0.469	0.499	0.000	0.000	1.000	0.000
賃金の対数値	6.963	0.358	7.114	0.365	6.791	0.257
勤続年数	5.209	5.939	6.831	6.891	3.371	3.882
企業規模（従業員数）						
1〜4 人	0.074	0.262	0.040	0.196	0.113	0.316
5〜9 人	0.088	0.284	0.074	0.263	0.104	0.305
10〜29 人	0.144	0.352	0.122	0.328	0.170	0.376
30〜99 人	0.151	0.358	0.127	0.333	0.177	0.382
100〜499 人	0.214	0.410	0.217	0.412	0.210	0.408
500〜999 人	0.071	0.257	0.076	0.265	0.066	0.248
1000 人以上	0.180	0.384	0.232	0.422	0.121	0.327
官公庁	0.076	0.265	0.111	0.314	0.037	0.190
学歴						
中学・高校卒	0.408	0.492	0.262	0.440	0.574	0.495
専門学校・専修学校卒	0.188	0.390	0.205	0.404	0.168	0.374
短大・高専卒	0.182	0.386	0.197	0.398	0.165	0.371
大学卒	0.213	0.409	0.319	0.466	0.092	0.289
大学院卒	0.009	0.096	0.017	0.129	0.001	0.022
産業						
農林水産業	0.002	0.046	0.001	0.037	0.003	0.055
鉱業	0.000	0.000	0.000	0.000	0.000	0.000
建設業	0.027	0.163	0.037	0.189	0.017	0.128
製造業	0.133	0.340	0.144	0.351	0.122	0.327
卸売・小売業	0.253	0.435	0.128	0.334	0.396	0.489
金融・保険・不動産業	0.076	0.264	0.121	0.326	0.024	0.154
運輸・通信業	0.044	0.205	0.046	0.210	0.041	0.198
電気・ガス・水道・熱供給業	0.003	0.057	0.004	0.063	0.003	0.050
サービス業	0.389	0.488	0.415	0.493	0.359	0.480
公務・その他	0.071	0.257	0.105	0.306	0.033	0.180
職業						
管理職	0.003	0.055	0.005	0.073	0.001	0.022
専門職	0.006	0.077	0.008	0.087	0.004	0.063
技術職	0.130	0.336	0.199	0.399	0.052	0.221
教員	0.065	0.246	0.086	0.280	0.041	0.199
事務職	0.344	0.475	0.461	0.499	0.211	0.408
技能・作業職	0.123	0.329	0.061	0.239	0.194	0.396
販売サービス職	0.329	0.470	0.181	0.385	0.497	0.500
観測数	4,222		2,243		1,979	

調査票では，調査年により，「常勤の職員・従業員」または「正社員・正職員」となっているが，正社員に統一している．

調査票では，調査年により，「技能職」あるいは「技能・作業職」となっているが，「技能・作業職」に統一している．

第6章 | 1994年から2015年の正社員とパート・アルバイトの賃金の推移

⑥ 2012年から2015年（表6-6）

〈1〉正社員

平均勤続年数は，7.8年である.

従業員数別にみると，従業員数「100〜499人」が23.4%と最も多く，「1000人以上」が21.2%，「30〜99人」が13.7%である. 学歴別では，「大学卒」が，最も多く35.9%，「中学・高校卒」が24.3%，「短大・高専卒」が19.7%である.「大学院卒」は，2.5%である.

産業別では，「サービス業」が49.2%，「製造業」が12.5%，「卸売・小売業」が12%である. 職業別では，「事務職」が，最も多く45.9%，「技術職」が21.8%，「販売サービス職」が17.7%である.

〈2〉パート・アルバイト

平均勤続年数は，3.9年である.

企業規模について従業員数別にみると，従業員数が「10〜29人」が，20.5%と最も多く，次いで，「100〜499人」が19.6%である. 学歴別では，「中学・高校卒」が52.4%，「専門学校・専修学校卒」が18%，「短大・高専卒」が17%である.「大学卒」は12.4%と，初めて10%を超えた.

産業別では，「サービス業」が50.3%と，最も多い. 次いで，「卸売・小売業」の30.2%，「製造業」の9.7%である. 職業別では，「販売サービス職」が52.7%，「事務職」が19.6%，「技能・作業職」が17.3%である.

⑦ 就業形態別の変化

就業形態別に，その変化をまとめる. まず，正社員からみる. 従業員数では，従業員数が「100〜499人」，「500〜999人」でその割合が上昇傾向にある. 次に，学歴は大学卒の比率が上昇しており高学歴化をしている. この点については，後に議論する. また，産業では，近年，サービス業が伸びている. 職業でみると，事務職が中心である.

153

表 6-6　記述統計（2012〜2015 年）

項目・区分	全体		正社員		パート・アルバイト	
	平均値	標準偏差	平均値	標準偏差	平均値	標準偏差
正社員ダミー	0.522	0.500	1.000	0.000	0.000	0.000
パート・アルバイトダミー	0.478	0.500	0.000	0.000	1.000	0.000
賃金の対数値	6.983	0.357	7.134	0.367	6.819	0.260
勤続年数	5.941	6.543	7.825	7.505	3.883	4.466
企業規模（従業員数）						
1〜4 人	0.064	0.244	0.026	0.161	0.104	0.306
5〜9 人	0.080	0.271	0.067	0.251	0.094	0.291
10〜29 人	0.164	0.370	0.125	0.331	0.205	0.404
30〜99 人	0.147	0.354	0.137	0.344	0.158	0.364
100〜499 人	0.216	0.412	0.234	0.424	0.196	0.397
500〜999 人	0.082	0.274	0.090	0.286	0.073	0.261
1000 人以上	0.179	0.384	0.212	0.409	0.144	0.351
官公庁	0.067	0.251	0.107	0.309	0.024	0.152
学歴						
中学・高校卒	0.377	0.485	0.243	0.429	0.524	0.500
専門学校・専修学校卒	0.178	0.383	0.177	0.382	0.180	0.384
短大・高専卒	0.184	0.387	0.197	0.398	0.170	0.375
大学卒	0.247	0.431	0.359	0.480	0.124	0.330
大学院卒	0.014	0.118	0.025	0.155	0.002	0.048
産業						
農林水産業	0.004	0.061	0.003	0.051	0.005	0.071
鉱業	0.000	0.000	0.000	0.000	0.000	0.000
建設業	0.024	0.153	0.034	0.181	0.014	0.116
製造業	0.111	0.315	0.125	0.330	0.097	0.296
卸売・小売業	0.207	0.405	0.120	0.325	0.302	0.459
金融・保険・不動産業	0.076	0.264	0.119	0.324	0.028	0.164
運輸・通信業	0.037	0.189	0.040	0.196	0.034	0.181
電気・ガス・水道・熱供給業	0.005	0.068	0.006	0.077	0.003	0.057
サービス業	0.498	0.500	0.492	0.500	0.503	0.500
公務・その他	0.037	0.188	0.058	0.235	0.013	0.114
職業						
管理職	0.003	0.056	0.006	0.077	0.000	0.000
専門職	0.005	0.071	0.007	0.085	0.003	0.053
技術職	0.141	0.349	0.218	0.413	0.058	0.233
教員	0.065	0.246	0.085	0.279	0.043	0.203
事務職	0.333	0.472	0.459	0.498	0.196	0.397
技能・作業職	0.108	0.310	0.048	0.213	0.173	0.378
販売サービス職	0.344	0.475	0.177	0.381	0.527	0.499
観測数	4,489		2,344		2,145	

調査票では，調査年により，「常勤の職員・従業員」または「正社員・正職員」となっているが，正社員に統一している．
調査票では，調査年により，「技能職」あるいは「技能・作業職」となっているが，「技能・作業職」に統一している．

第 6 章 | 1994 年から 2015 年の正社員とパート・アルバイトの賃金の推移

　次に，パート・アルバイトをみる．従業員数は，「1 ～ 4 人」，「5 ～ 9 人」
でその割合が低下している．他方，「500〜999 人」，「1000 人以上」の割合が上
昇している．働く場所が，規模の大きな企業へと推移しつつあることがうかが
える．学歴については，中学・高校卒の割合が低下し，それ以外の割合が上昇
している．とりわけ，大学卒の割合が上昇している．正社員同様に，高学歴化
をしているが，これも後に議論する．また，産業では，かつて中心であった，
卸売・小売業の割合が低下し，サービス業が大きくその割合を伸ばしている．
2012 年から 2015 年では，サービス業の占める割合は 50％となり，最も多い．
職業は，事務職や技能職は割合を低下させている．かわって，販売サービス職
が 51.3％と半数以上を占めている．

　賃金（対数値）の推移について，正社員とパート・アルバイトそれぞれをみ
ると，パート・アルバイトは平均値で見ると大きな変化はないが，正社員につ
いては上昇傾向がみられる．

（2）格差を考慮に入れた賃金の決定要因分析

　前節では，経年的に正社員とパート・アルバイトの賃金格差がどのように変
化しているか，記述統計量を用いて確認した．しかしながら賃金は学歴や勤続
年数など個人の属性や産業や企業規模といった属性により影響を受ける．そこ
でこれらの属性を調整し，非正規ダミー（非正規の場合に 1，それ以外を 0 とする）
による効果を経年的に比較することで格差の変化について明らかにする．推定
については通常の最小自乗法を用いる．推定結果を表 6-7 から表 6-11 までに
示している．

　いずれの推定においても，被説明変数は，賃金の対数値である．説明変数は，
勤続年数，企業規模（従業員数）ダミー，学歴ダミー，産業ダミー，職業ダミ
ー，非正規ダミーである．

　表 6-7〜表 6-11 をもとに，就業形態別にみた勤続年数と学歴の時系列変化
をたどってみる．

155

表6-7　推定結果（1994〜1998年）

説明変数	全体	正社員	パート・アルバイト
非正規ダミー	-0.076***		
	(-0.017)		
勤続年数	0.018***	0.020***	-0.003
	(0.002)	(0.002)	(0.005)
企業規模（従業員数）　基準：1〜4人			
5〜9人	0.019	0.058	0.008
	(0.030)	(0.049)	(0.039)
10〜29人	0.061**	0.063	0.084**
	(0.027)	(0.045)	(0.035)
30〜99人	0.066**	0.112**	0.037
	(0.027)	(0.043)	(0.037)
100〜499人	0.074***	0.094**	0.084**
	(0.026)	(0.043)	(0.037)
500〜999人	0.107***	0.181***	0.066
	(0.035)	(0.051)	(0.056)
1000人以上	0.149***	0.185***	0.165***
	(0.028)	(0.044)	(0.044)
官公庁	0.335*	0.227	0.515**
	(0.172)	(0.322)	(0.206)
学歴　基準：中学・高校卒			
専門学校・専修学校卒	0.068***	0.095***	0.041
	(0.020)	(0.024)	(0.032)
短大・高専卒	0.112***	0.091***	0.098***
	(0.018)	(0.022)	(0.029)
大学卒	0.214***	0.170***	0.413***
	(0.022)	(0.024)	(0.049)
大学院卒	0.354***	0.406***	—
	(0.114)	(0.113)	
産業　基準：製造業			
農林水産業	0.068	0.216*	-0.077
	(0.084)	(0.115)	(0.120)
鉱業	0.156	0.093	—
	(0.115)	(0.109)	
建設業	0.165***	0.111***	0.316***
	(0.033)	(0.035)	(0.077)
卸売・小売業	0.020	0.045	0.016
	(0.025)	(0.031)	(0.040)
金融・保険・不動産業	0.121***	0.115***	0.042
	(0.028)	(0.031)	(0.061)

156

第6章 | 1994年から2015年の正社員とパート・アルバイトの賃金の推移

運輸・通信業	0.108**	0.051	0.218***
	(0.043)	(0.050)	(0.077)
電気・ガス・水道・熱供給業	-0.130	-0.211	0.040
	(0.121)	(0.144)	(0.203)
サービス業	0.093***	0.030	0.156***
	(0.022)	(0.027)	(0.038)
公務・その他	-0.060	0.066	-0.164
	(0.170)	(0.318)	(0.204)
職業　基準：事務職			
管理職	0.193	0.184	—
	(0.129)	(0.122)	
専門職	0.065	-0.067	-0.033
	(0.104)	(0.124)	(0.181)
技術職	0.121***	0.060**	0.329***
	(0.023)	(0.026)	(0.046)
教員	-0.013	-0.059*	0.232***
	(0.029)	(0.032)	(0.066)
技能・作業職	-0.008	-0.026	0.066**
	(0.022)	(0.031)	(0.033)
販売サービス職	-0.023	-0.067**	0.065**
	(0.020)	(0.027)	(0.032)
定数項	6.678***	6.686***	6.532***
	(0.033)	(0.047)	(0.045)
観測数	2,844	1,746	1,098
自由度修正済決定係数	0.263	0.204	0.216

*** は1％水準で，** は5％水準で，* は1％水準で有意であることを示す.
調査票では，調査年により，「常勤の職員・従業員」または「正社員・正職員」となっているが，正社員に統一している.
調査票では，調査年により，「技能職」あるいは「技能・作業職」となっているが，「技能・作業職」に統一している.

① 正社員

　勤続年数の影響をみると，「1994〜1998年」の係数は0.020，「2012〜2015年」は0.014と，0.006ポイント小さくなっている. 具体的に比率であらわした数値を比較すると，「1994〜1998年」は2％，「2012〜2015年」が1.4％である. 賃金の伸びは，0.6パーセントポイント減少している. この21年間で，勤続年数が賃金に与える影響は，小さくなっているといえる.

　学歴は，「専門学校・専修学校卒」，「大学卒」，「大学院卒」で，すべての年

表 6-8 推定結果（1999～2003 年）

説明変数	全体	正社員	パート・アルバイト
非正規ダミー	-0.142*** (0.015)		
勤続年数	0.016*** (0.001)	0.018*** (0.001)	0.005* (0.003)
企業規模（従業員数）　基準：1～4人			
5～9人	0.032 (0.027)	0.040 (0.052)	0.019 (0.031)
10～29人	0.050** (0.024)	0.056 (0.044)	0.045 (0.027)
30～99人	0.062*** (0.024)	0.148*** (0.043)	-0.006 (0.029)
100～499人	0.061*** (0.023)	0.073* (0.042)	0.069** (0.028)
500～999人	0.106*** (0.032)	0.180*** (0.052)	0.055 (0.042)
1000人以上	0.125*** (0.027)	0.174*** (0.045)	0.097*** (0.036)
官公庁	0.010 (0.196)	0.336*** (0.055)	-0.002 (0.187)
学歴　基準：中学・高校卒			
専門学校・専修学校卒	0.049*** (0.018)	0.096*** (0.027)	0.003 (0.024)
短大・高専卒	0.036** (0.017)	0.017 (0.026)	0.033 (0.022)
大学卒	0.158*** (0.021)	0.096*** (0.027)	0.292*** (0.035)
大学院卒	0.378*** (0.084)	0.422*** (0.089)	—
産業　基準：製造業			
農林水産業	0.063 (0.064)	0.173* (0.099)	-0.083 (0.081)
鉱業	0.035 (0.115)	-0.042 (0.125)	0.031 (0.320)
建設業	0.095*** (0.036)	0.055 (0.044)	0.194*** (0.069)
卸売・小売業	0.024 (0.023)	0.061 (0.037)	0.011 (0.030)
金融・保険・不動産業	0.098*** (0.030)	0.059 (0.038)	0.127** (0.049)

第 6 章 │ 1994 年から 2015 年の正社員とパート・アルバイトの賃金の推移

運輸・通信業	0.083**	0.024	0.143***
	(0.039)	(0.055)	(0.055)
電気・ガス・水道・熱供給業	0.218**	0.322***	0.058
	(0.086)	(0.116)	(0.124)
サービス業	0.128***	0.050	0.160***
	(0.022)	(0.033)	(0.029)
公務・その他	0.309	—	0.309
	(0.196)		(0.189)
職業　基準：事務職			
管理職	0.361***	0.338**	—
	(0.138)	(0.141)	
専門職	0.212***	0.048	0.507***
	(0.070)	(0.085)	(0.123)
技術職	0.128***	0.058**	0.289***
	(0.021)	(0.027)	(0.034)
教員	-0.002	-0.039	0.129***
	(0.027)	(0.035)	(0.046)
技能・作業職	-0.031	-0.082**	0.043*
	(0.020)	(0.038)	(0.025)
販売サービス職	0.008	-0.042	0.081***
	(0.017)	(0.029)	(0.022)
定数項	6.738***	6.761***	6.569***
	(0.031)	(0.050)	(0.036)
観測数	3,284	1,590	1,694
自由度修正済決定係数	0.310	0.230	0.186

*** は 1 ％水準で，** は 5 ％水準で，* は 1 ％水準で有意であることを示す．
調査票では，調査年により，「常勤の職員・従業員」または「正社員・正職員」となっているが，正社員に統一している．
調査票では，調査年により，「技能職」あるいは「技能・作業職」となっているが，「技能・作業職」に統一している．

において有意に正であった．これらについて，「1994〜1998 年」から「2012〜2015 年」にかけての変化をみる．「専門学校・専修学校卒」，「大学卒」，「大学院卒」のいずれにおいても，係数は小さくなっている．また，具体的に比率で比較すると，「専門学校・専修学校卒」で 10.0 ％から 4.3 ％へ，「大学卒」で 18.5 ％から 7.7 ％へ，「大学院卒」で 50.1 ％から 8.7 ％へと変化している．ただし，「大学院卒」の全体に占める割合は低い．変化について差をみると，「専門学校・専修学校卒」で 5.7 パーセントポイント，「大学卒」で 10.8 パーセント

表 6-9　推定結果（2004～2007 年）

説明変数	全体	正社員	パート・アルバイト
非正規ダミー	-0.123***		
	(0.012)		
勤続年数	0.016***	0.019***	0.002
	(0.001)	(0.001)	(0.002)
企業規模（従業員数）　基準：1～4 人			
5～9 人	0.041*	0.065	0.019
	(0.024)	(0.044)	(0.027)
10～29 人	0.038*	0.046	0.035
	(0.022)	(0.040)	(0.024)
30～99 人	0.067***	0.116***	0.034
	(0.022)	(0.039)	(0.024)
100～499 人	0.098***	0.158***	0.064***
	(0.021)	(0.037)	(0.023)
500～999 人	0.120***	0.167***	0.078**
	(0.026)	(0.042)	(0.031)
1000 人以上	0.136***	0.193***	0.092***
	(0.023)	(0.039)	(0.028)
官公庁	0.054	0.049	0.077
	(0.045)	(0.073)	(0.053)
学歴　基準：中学・高校卒			
専門学校・専修学校卒	0.026*	0.041*	-0.001
	(0.015)	(0.023)	(0.019)
短大・高専卒	0.039***	0.017	0.035**
	(0.014)	(0.021)	(0.017)
大学卒	0.142***	0.107***	0.172***
	(0.016)	(0.022)	(0.026)
大学院卒	0.260***	0.303***	—
	(0.055)	(0.060)	
産業　基準：製造業			
農林水産業	0.150*	0.208*	0.046
	(0.078)	(0.107)	(0.107)
鉱業	—	—	—
建設業	0.018	0.010	0.033
	(0.032)	(0.040)	(0.058)
卸売・小売業	0.027	0.044	0.012
	(0.020)	(0.031)	(0.024)
金融・保険・不動産業	0.055**	0.036	0.073*
	(0.025)	(0.032)	(0.041)

第 6 章 | 1994 年から 2015 年の正社員とパート・アルバイトの賃金の推移

運輸・通信業	0.046	0.099**	0.010
	(0.031)	(0.044)	(0.041)
電気・ガス・水道・熱供給業	0.070	0.201*	-0.111
	(0.076)	(0.108)	(0.100)
サービス業	0.068***	0.060**	0.073***
	(0.018)	(0.027)	(0.024)
公務・その他	0.175***	0.240***	0.128**
	(0.048)	(0.072)	(0.062)
職業　基準：事務職			
管理職	0.818***	0.683***	2.190***
	(0.084)	(0.094)	(0.257)
専門職	0.336***	0.148**	1.082***
	(0.054)	(0.063)	(0.108)
技術職	0.136***	0.064***	0.309***
	(0.017)	(0.022)	(0.028)
教員	0.035	-0.061*	0.197***
	(0.026)	(0.035)	(0.036)
技能・作業職	-0.087***	-0.105***	-0.031
	(0.019)	(0.034)	(0.022)
販売サービス職	-0.078***	-0.112***	-0.016
	(0.015)	(0.024)	(0.019)
定数項	6.775***	6.750***	6.660***
	(0.027)	(0.044)	(0.031)
観測数	3,531	1,826	1,705
自由度修正済決定係数	0.355	0.259	0.265

*** は 1 ％水準で，** は 5 ％水準で，* は 1 ％水準で有意であることを示す.
調査票では，調査年により，「常勤の職員・従業員」または「正社員・正職員」となっているが，正社員に統一している.
調査票では，調査年により，「技能職」あるいは「技能・作業職」となっているが，「技能・作業職」に統一している.

ポイントである．いずれも，「1994〜1998 年」に比べて，「2012〜2015 年」にかけての，賃金に与える影響は小さくなっている．とりわけ，すべての値で有意水準が 1 ％となっている，「大学卒」をみると，18.5% → 10.1% → 11.3% → 9.3% → 7.7%と，賃金に与える影響は，半分以下に減少している．

また，学歴間の格差について，すべての年が有意である「専門学校・専修学校卒」と「大学卒」と「大学院卒」をみる．「中学・高校卒」に対する「専門学校・専修学校卒」と「大学卒」の学歴の影響の差は，係数でみると，「1994

表 6-10　推定結果（2008～2011 年）

説明変数	全体	正社員	パート・アルバイト
非正規ダミー	-0.162*** (0.011)		
勤続年数	0.013*** (0.001)	0.015*** (0.001)	0.002 (0.001)
企業規模（従業員数）　基準：1～4人			
5～9人	0.035 (0.022)	0.082* (0.043)	0.005 (0.022)
10～29人	0.036* (0.020)	0.075* (0.040)	0.010 (0.020)
30～99人	0.060*** (0.020)	0.120*** (0.040)	0.022 (0.020)
100～499人	0.083*** (0.019)	0.160*** (0.038)	0.035* (0.019)
500～999人	0.106*** (0.024)	0.184*** (0.043)	0.062** (0.025)
1000人以上	0.117*** (0.021)	0.177*** (0.039)	0.075*** (0.022)
官公庁	0.198*** (0.059)	0.265*** (0.093)	0.180*** (0.068)
学歴　基準：中学・高校卒			
専門学校・専修学校卒	0.049*** (0.013)	0.068*** (0.022)	0.025* (0.015)
短大・高専卒	0.055*** (0.013)	0.070*** (0.022)	0.015 (0.015)
大学卒	0.095*** (0.014)	0.089*** (0.020)	0.093*** (0.019)
大学院卒	0.059 (0.050)	0.101* (0.059)	0.067 (0.230)
産業　基準：製造業			
農林水産業	0.041 (0.098)	0.124 (0.191)	-0.024 (0.095)
鉱業	—	—	—
建設業	0.009 (0.031)	-0.007 (0.042)	0.040 (0.045)
卸売・小売業	-0.005 (0.018)	-0.006 (0.030)	0.017 (0.021)
金融・保険・不動産業	0.074*** (0.022)	0.045 (0.029)	0.125*** (0.039)

第 6 章 | 1994 年から 2015 年の正社員とパート・アルバイトの賃金の推移

運輸・通信業	-0.023	0.008	-0.020
	(0.025)	(0.038)	(0.030)
電気・ガス・水道・熱供給業	0.011	0.011	-0.078
	(0.079)	(0.112)	(0.103)
サービス業	0.034**	0.006	0.079***
	(0.017)	(0.025)	(0.020)
公務・その他	0.002	-0.034	0.044
	(0.061)	(0.091)	(0.073)
職業　基準：事務職			
管理職	0.489***	0.499***	-0.040
	(0.082)	(0.097)	(0.229)
専門職	0.339***	0.233***	0.564***
	(0.060)	(0.083)	(0.084)
技術職	0.145***	0.078***	0.368***
	(0.016)	(0.021)	(0.026)
教員	-0.027	-0.060*	0.071**
	(0.022)	(0.031)	(0.030)
技能・作業職	-0.089***	-0.119***	-0.013
	(0.017)	(0.033)	(0.019)
販売サービス職	-0.068***	-0.099***	-0.009
	(0.013)	(0.021)	(0.016)
定数項	6.851***	6.808***	6.681***
	(0.025)	(0.044)	(0.027)
観測数	4,222	2,243	1,979
自由度修正済決定係数	0.339	0.191	0.215

*** は 1 ％水準で，** は 5 ％水準で，* は 1 ％水準で有意であることを示す.
調査票では，調査年により，「常勤の職員・従業員」または「正社員・正職員」となっているが，正社員に統一している.
調査票では，調査年により，「技能職」あるいは「技能・作業職」となっているが，「技能・作業職」に統一している.

～1998 年」には，0.075 ポイントであったが，「2012～2015 年」には，0.032 と縮まっている. 同様に，比率でみると，「1994～1998 年」は，8.5 パーセントポイントの差があったが，「2012～2015 年」には，3.4 パーセントポイントとなっている. いずれも，その影響が小さくなっていることがわかる. つまり，学歴間の差が縮まりつつあると言える.

表 6-11　推定結果（2012〜2015 年）

説明変数	全体	正社員	パート・アルバイト
非正規ダミー	-0.152***		
	(0.011)		
勤続年数	0.011***	0.014***	-0.001
	(0.001)	(0.001)	(0.001)
企業規模（従業員数）　基準：1 〜 4 人			
5 〜 9 人	0.002	0.003	-0.023
	(0.023)	(0.049)	(0.022)
10〜29 人	0.006	0.051	-0.028
	(0.020)	(0.046)	(0.019)
30〜99 人	-0.002	0.024	-0.017
	(0.021)	(0.045)	(0.020)
100〜499 人	0.032	0.075*	0.003
	(0.020)	(0.044)	(0.019)
500〜999 人	0.056**	0.119**	0.026
	(0.023)	(0.048)	(0.024)
1000 人以上	0.084***	0.144***	0.025
	(0.021)	(0.046)	(0.020)
官公庁	0.100***	0.169***	0.063
	(0.031)	(0.055)	(0.042)
学歴　基準：中学・高校卒			
専門学校・専修学校卒	0.028**	0.042*	0.001
	(0.013)	(0.023)	(0.014)
短大・高専卒	0.027**	0.028	-0.003
	(0.013)	(0.022)	(0.015)
大学卒	0.077***	0.074***	0.066***
	(0.013)	(0.020)	(0.017)
大学院卒	0.038	0.083*	-0.152
	(0.039)	(0.048)	(0.104)
産業　基準：製造業			
農林水産業	0.183**	-0.070	0.283***
	(0.072)	(0.136)	(0.071)
鉱業	—	—	—
建設業	0.006	-0.016	0.027
	(0.032)	(0.043)	(0.048)
卸売・小売業	-0.017	0.011	-0.023
	(0.018)	(0.029)	(0.022)
金融・保険・不動産業	0.095***	0.057*	0.145***
	(0.023)	(0.030)	(0.037)

164

第6章 | 1994年から2015年の正社員とパート・アルバイトの賃金の推移

運輸・通信業	0.020	0.027	0.040
	(0.026)	(0.040)	(0.032)
電気・ガス・水道・熱供給業	-0.019	-0.016	-0.042
	(0.065)	(0.090)	(0.090)
サービス業	0.021	0.016	0.026
	(0.017)	(0.025)	(0.021)
公務・その他	0.028	-0.013	0.033
	(0.036)	(0.048)	(0.056)
職業 基準：事務職			
管理職	0.399***	0.328***	—
	(0.079)	(0.089)	
専門職	0.185***	0.154*	0.271***
	(0.062)	(0.081)	(0.096)
技術職	0.232***	0.169***	0.445***
	(0.015)	(0.021)	(0.025)
教員	-0.032	-0.121***	0.143***
	(0.021)	(0.031)	(0.028)
技能・作業職	-0.105***	-0.143***	-0.043**
	(0.018)	(0.036)	(0.019)
販売サービス職	-0.060***	-0.074***	0.005
	(0.013)	(0.021)	(0.015)
定数項	6.911***	6.868***	6.777***
	(0.026)	(0.049)	(0.028)
観測数	4,489	2,344	2,145
自由度修正済決定係数	0.341	0.211	0.227

*** は1％水準で，** は5％水準で，* は1％水準で有意であることを示す．
調査票では，調査年により，「常勤の職員・従業員」または「正社員・正職員」となっているが，正社員に統一している．
調査票では，調査年により，「技能職」あるいは「技能・作業職」となっているが，「技能・作業職」に統一している．

② パート・アルバイト

勤続年数は，「1999～2003年」において，10％水準で有意であった以外には，有意なものはなかった．

学歴で継続的に影響を及ぼしていたのは，「大学卒」だけであり，すべての期間において，有意水準1％で有意に正であった．「大学卒」の係数は，「1994～1998年」の0.413から，「2012～2015年」の0.066へと，0.347小さくなっている．割合で比較すると，経年でみても，「大学卒」は「中学・高校卒」に

165

比べて賃金が高いが，その数値は，51.1% → 33.9% → 18.8% → 9.7%
→ 6.8%と変化している．すなわち，「1994〜1999年」は51.1%，「2012〜2015
年」は6.8%となっており，44.3パーセントポイント低くなっている．正社員
の場合と同様に，賃金に与える影響は，年を追うごとに減少している．

③ 正社員とパート・アルバイトの賃金格差

賃金格差については，拡大と縮小を繰り返しているが，長期的にみると拡大
傾向にある[4]．いずれの推定結果においても非正規ダミーは1％の水準で有意に
負であった．したがって，正社員に比べて非正規の場合に賃金を引き下げる効
果が認められた．また，厚生労働省「賃金構造基本統計調査」の，一般労働者
とパート労働者の賃金の推移も同様の傾向を示している．

2 ▶ 2007 年「パートタイム労働法」改正の影響

正社員とパート・アルバイトの格差については，賃金格差や処遇格差につい
て，以前から問題点が指摘されてきた．とりわけ，処遇格差については，「パ
ートタイム労働法」が制定され，その改善が期待されていた．

第2章で取り上げた「パートタイム労働法」は，1993年に制定され，2007
年と2014年に，2018年には「パートタイム・有期雇用労働法」へと改正され
ている．では，「パートタイム労働法」の改正前後で，賃金格差は縮小したの
であろうか．

本節では，2007年の改正に着目し，「改正パートタイム労働法」が実施され
る2007年までと，2008年以降で，正社員とパート・アルバイトの賃金格差が
変化しているのかどうかについて確認する．具体的には，「パートタイム労働
法」が改正された，2007年を境とし，「1994年から2007年」までと，「2008
年から2015年」までの2つの期間に分けて，その変化を確認する．

表6-12は，推定結果である．2007年を境として，「1994年から2007年」と

第6章 | 1994年から2015年の正社員とパート・アルバイトの賃金の推移

「2008年から2015年」の，正社員とパート・アルバイトの賃金格差について，1994年から2015年までのすべての期間をプールし，2008年以降ダミーをいれることにより分析をおこなう．なお，推定には通常の最小自乗法を用いる．被説明変数は，賃金の対数値とする．説明変数は，非正規ダミー，勤続年数，企業規模ダミー，学歴ダミー，産業ダミー，職業ダミー，2008年以降ダミー，タイムトレンドダミー，および非正規ダミーと2008年以降ダミーの積で表される交差項の9つである．

（1）正社員とパート・アルバイトの賃金格差

正社員に比べて，パート・アルバイトの賃金は，1％水準で有意に負である．勤続年数，教育，企業規模，産業，職種等を調整したうえでは，パート・アルバイトは，正社員に比べて，賃金が13.4％低く，2008年以降はさらに1.8％低くなることが明らかになり「2007年パートタイム労働法」改正の影響はみられない．

（2）まとめ

推定結果からは，1994年から2015年の分析期間において，依然として正社員とパート・アルバイトの賃金格差は存在していることが示された．「2007年改正パートタイム労働法」施行後も，賃金への正社員とパート・アルバイトの賃金格差は存在しており，法律の効果はみえない．本節での推定結果は，川口(2014)の研究結果とも符合している．「2007年改正パートタイム労働法」の影響は限定的であったことが示された．ただし今回は，正社員とパート・アルバイトというカテゴリーにおける賃金の分析であり，「2007年改正パートタイム労働法」の第8条に定められているパートタイム労働者を分析対象としてはいない点は，留意が必要である．

167

表 6-12　推定結果

説明変数	
非正規ダミー	-0.134***
	(0.007)
勤続年数	0.013***
	(0.000)
企業規模（従業員数） 　基準：1～4人	
5～9人	0.025**
	(0.011)
10～29人	0.034***
	(0.010)
30～99人	0.045***
	(0.010)
100～499人	0.067***
	(0.010)
500～999人	0.097***
	(0.012)
1000人以上	0.119***
	(0.010)
官公庁	0.098***
	(0.022)
学歴　基準：中学・高校卒	
専門学校・専修学校卒	0.044***
	(0.007)
短大・高専卒	0.052***
	(0.007)
大学卒	0.125***
	(0.007)
大学院卒	0.162***
	(0.026)
産業　基準：製造業	
農林水産業	0.088***
	(0.034)
鉱業	0.078
	(0.073)
建設業	0.062***
	(0.015)
卸売・小売業	0.011
	(0.009)

金融・保険・不動産業	0.091***
	(0.011)
運輸・通信業	0.038***
	(0.014)
電気・ガス・水道・熱供給業	0.043
	(0.036)
サービス業	0.064***
	(0.008)
公務・その他	0.139***
	(0.023)
職業　基準：事務職	
管理職	0.481***
	(0.043)
専門職	0.275***
	(0.029)
技術職	0.163***
	(0.008)
教員	-0.002
	(0.011)
技能・作業職	-0.063***
	(0.009)
販売サービス職	-0.048***
	(0.007)
2008年以降年ダミー	-0.003
	(0.010)
タイムトレンド	0.001*
	(0.001)
交差項	-0.014
	(0.009)
定数項	6.810***
	(0.013)
観測数	18,370
自由度修正済決定係数	0.317

*** は1％水準で，** は5％水準で，* は1％水準で有意であることを示す．

調査票では，調査年により，「常勤の職員・従業員」または「正社員・正職員」となっているが，正社員に統一している．

調査票では，調査年により，「技能職」あるいは「技能・作業職」となっているが，「技能・作業職」に統一している．

第6章｜1994年から2015年の正社員とパート・アルバイトの賃金の推移

ま　と　め

　本章における分析により，経年的な正社員の勤続年数の変化が明らかになった．依然としてプラスの影響を及ぼしているが，係数は小さくなっている．すなわち，その影響が少なくなっている．これは，賃金制度が変化していることを反映していると考えられる．日本的雇用慣行の中心であった年功賃金制度から，より成果主義的な賃金制度への変化である．たとえば，平成26年から平成28年に，賃金制度の改定をおこなった企業の割合は35.5％であり，うち，「業績・成果に対応する賃金部分の拡大」をあげた企業は45.3％（複数回答）である．これは，「職務・職種などの仕事の内容に対応する賃金部分の拡大」(59.8％)，「職務遂行能力に対応する賃金部分の拡大」(52.1％)に次いで3番目に多い（いずれも複数回答）（厚生労働省　2018b）．今後も，こうした傾向が続くのであれば，勤続年数の賃金上昇への影響は小さくなっていくであろう．

　次に，学歴に関する推定結果からは，以下の点が示された．正社員では，① 賃金に対する学歴の影響は続いていること，② 学歴が高いと，賃金が高いこと，③ しかし，学歴の影響は，年を追うごとに，小さくなっていること，④ 学歴間の格差も縮まっていること，である．また，パート・アルバイトについては，大学卒にその影響が大きい．大学卒は，すべての年において有意に正であり，有意水準は1％である．学歴の推定結果からは，① 大学卒は賃金に対して，継続的に影響を与えていること，② ただし，年を追うごとに，その影響は小さくなっていること，がわかる．

　以上から，学歴は，依然として賃金に影響を及ぼしているが，近年，その影響が小さくなっているといえる．特に，正社員とパート・アルバイトの，両方の推定結果が有意である大学卒をみると，いずれも，影響は小さくなっている．賃金の学歴間格差については，多くの先行研究が存在する．たとえばアメリカでは，高学歴やスキルに対する労働需要が高まり，学歴別や経験別でみると所

169

得格差が拡大したという議論がある（池永 2015）．高学歴者とそうでない労働者の間の格差が，大きくなっていることが指摘されている．しかし，本研究の分析結果では，大学卒の学歴効果が小さくなっている．なぜ，日本では賃金の学歴間格差が，それほど大きくは拡大していないのであろうか．これは，2つの側面から考えることができる．すなわち，大学進学率の上昇と，労働需要と労働供給の関係である．

今回の分析対象期間である，1994年から2015年を見ると，この間，女子の4年生大学への進学率は上昇している．1994年には，21.0%であったが，2015年には，47.4%と，およそ倍に増えている．すなわち，大学卒が増加していることになる．このため，大学卒の労働市場における，労働需要と労働供給のバランスに変化が生じ，労働供給が増加し，賃金が低下したことが考えられる．

また，具体的に進学率の傾向をみると，たとえば，1970年の女子の4年制大学への進学率は6.5%と1桁である．1980年には12.3%，1990年は15.2%と少しずつ上昇傾向にあったが，2000年には31.5%と急上昇する．その後も上昇し続け，2007年になると，40.7%と，40%台にまで上昇している．これは，かつてとは，いわゆる「大学卒の価値」が異なってきたと，言えよう．それにともない，「大学全入時代」を迎え，大学生の質も変化し，大学卒の労働者の質も変わっていったと考えられる．

次に，正社員とパート・アルバイトの処遇格差についてみる．現在，既婚女性の就業形態として，中心的なものはパートタイム労働であり，この傾向は，当面は続くと考えられる．そうであるならば，パートタイム労働と正社員との不合理な処遇格差はなくす必要がある．とりわけ，正社員とパートタイム労働者間の，合理的に説明できない賃金格差は問題である．

2018年6月には，「働き方改革を推進するための関係法律の整備に関する法律」（「働き方改革関連法」）が成立し，「同一労働同一賃金」も導入された．

このように「同一労働同一賃金」に関わる一連の政策により，正社員とパー

第 6 章 | 1994 年から 2015 年の正社員とパート・アルバイトの賃金の推移

トタイム労働者との賃金格差の縮小が期待できる．今後，日本においても，
「同一労働同一賃金」を，実効性をもって進めることが重要である．

注
1）年の区切りは景気などの経済的な影響を考慮したわけではない．
2）調査票では，調査年により，「常勤の職員・従業員」または「正社員・正職員」となっ
　　ているが，「正社員」に統一している．同様に，調査票では，調査年により「技能職」
　　あるいは「技能・作業職」となっているが，「技能・作業職」に統一している．
3）「官公庁」は，企業規模（従業員数）の質問のところにあるが，従業員数に関わらず
　　「官公庁」に回答するようになっている．
4）勤続年数，学歴，企業規模，産業，職業を調整した場合にも同様のことがいえる．

終章

変わる働き方，変わらない女性の役割
——パートタイム労働とジェンダー平等——

1 ▶ 変わらないジェンダー規範

　近年，女性の働き方や性別役割分業に関する意識は大きく変わった．しかし実態からみると，女性が家事・育児の大部分を担うというジェンダー規範に大きな変化はみられない．また，政府の政策や企業の人事管理もそれを前提としているため，ジェンダー規範が再生産されてきた．その結果，意識と実態には差が生じている．

　本書では，こうした状況を検討するために，まず，パートタイム労働の課題を指摘し（第1章）「パートタイム労働法」をめぐる状況について概観した（第2章）．そして，労働省（現厚生労働省）が毎年発行している「婦人労働の実情」を題材として，1960年代から2010年までの女性の雇用状況とパートタイム労働をめぐる政策動向を中心に，その変化を振り返った（第3章）．1970年代より，パートタイム労働は，女性が「仕事と家事」を両立させるための働き方として記述されていた．しかし，「男女雇用機会均等法」が成立した1980年代半ば以降には，フルタイム労働に記述の比重がおかれるようになる．その後，法整備をめぐるいくつかの動きや変化はあったものの，パートタイム労働はジェンダー規範にそった働き方の選択肢であるという位置づけに大きな変化はみられなかった．

　次に，1960年代から2010年までの，NHK『日本人の生活時間』をもとに，生活時間からみたジェンダー規範と働き方について検討した（第4章）．そこからは，意識の変化ほどには，仕事と家事・育児時間の使い方が変化していない

173

実態が明らかになった．さまざまなジェンダー平等政策が実施されてはきたが，その影響は限定的なものであったといえる．

さらに，生活時間の使い方についてより詳細な分析を加えた（第5章）．慶應義塾大学経済学部附属経済研究所パネルデータ設計・解析センター「消費生活に関するパネル調査」の個票データを利用し，有配偶女性とその夫の仕事時間と家事・育児時間を取り上げた．分析対象とした1997年から2015年までの18年間で，仕事時間と家事・育児時間の長さに大きな変化はみられなかった．また，第5章と同じデータを利用し，正社員とパート・アルバイトの賃金格差の推移についても検討した（第6章）．その結果，正社員とパート・アルバイトの賃金格差は依然として存在していることが明らかになった．さらに，「パートタイム労働法」が改正された2007年を境として，2007年までと2008年以降（2015年まで）に区分して賃金格差を比較した．その結果，法改正の前と後では賃金格差の縮小はみられず，その効果は限定的であったことがうかがわれる．

以上より，パートタイム労働をめぐる状況や位置づけ，仕事と家事・育児時間の役割分業には大きな変化がみられず，「男性は仕事，女性は家事・育児」というジェンダー規範が，依然として女性の働き方に影響を与えている実態が示された．

2 ▶ パートタイム労働の課題

パートタイム労働が，主として既婚女性が家庭責任を果たすための選択肢となっている状況が続いてきた．これには，2つの課題がある．

まず，女性の家庭責任の大きさが，パートタイム労働者の処遇と結びつくことである．家庭責任が優先される状況では，仕事への対応に制約がつきやすく，パートタイム労働者への仕事の評価につながらないため，処遇が改善されない場合もある．さらにパートタイム労働者の多くは「労働組合」に加入していない．厚生労働省（2023）「労働組合基礎調査（令和5年）」によれば，パートタイ

終　章│変わる働き方，変わらない女性の役割

ム労働者の推定組織率は8.4%であり，労働組合を通じて処遇改善に関する交渉をするには，その機会は限られてきたといえる．パートタイム労働者が働きにみあった処遇を受けながら，本人の希望に沿った「短時間」の労働者という本来の意味で働けることが必要である．パートタイム労働者の処遇改善が喫緊の課題である．

次に，「仕事と家庭責任」への両立支援政策の拡充である．現状のように，女性がおもに家庭責任を担うのではなく男女がともに担うことが必要であり，職場と家庭におけるジェンダー平等政策が不可欠である．国の政策としても，「男女共同参画」としてさまざまな取り組みが試みられている．「男女共同参画白書」の中でも，ジェンダー平等の理念は掲げられている．しかし，具体的なジェンダー平等政策については十分であるとはいえない．現状の意識の変化が実態の変化をともなうためには，より実効性のあるジェンダー平等政策が必要である．

3 ▶ 多様な働き方とジェンダー平等

（1）「限定正社員」の可能性
2013年「多様な正社員」の普及が提言され，「多様な正社員の効果的な活用が期待できるケース」のひとつとして「限定正社員」が示された．具体的な例として「勤務地限定正社員」，「職務限定正社員」，「勤務時間限定正社員」の3つがあげられている（厚生労働省　2013）．

たとえば，短時間雇用者であるパートタイム労働者は「勤務時間限定正社員」に相当すると思われるが，パートタイム労働者が，仮に労働時間を短縮したまま「勤務時間限定正社員」に転換すれば，正社員として安定した雇用となることにより処遇の改善が期待できる．また，「限定正社員」がこれまでの「非正社員」とは異なり，良質な雇用機会として働きに見合った処遇が得られるのであれば，既婚女性が「家庭責任の重さからたとえ低処遇であったとして

175

もパートタイム労働を選択する」，という側面から生じる不利益を改善できる手段ともなりうる．

このように「限定正社員」は，特に現在，家庭責任を担っている既婚女性のパートタイム労働者にとって，また，性別を問わずさまざまな事情をかかえる労働者にとって魅力的な選択肢となるだろう．さらに，現在「正社員」である労働者が「限定正社員」へ転換すれば，「正社員」労働者も自らの状況に応じた働き方を選ぶことができる．「限定正社員」は，働き方の選択肢が増えるという点において，パートタイム労働者だけではなく，現在，フルタイムで働いている労働者にとってもメリットがあり，就業形態間の処遇格差の縮小に効果をもたらすといえよう．さらに，「限定正社員」が働きにみあったものとなれば，男女間の賃金格差も縮小する可能性ももつ．このように，「限定正社員」は，就業形態間の格差や男女賃金格差の改善につながる可能性が大きい．

しかし，同時に懸念も生じる．パートタイム労働者とフルタイム労働者の双方から「限定正社員」へ「転換」できるが，そのことが労働条件や処遇を引き下げる可能性がある．つまり，「限定正社員」の普及が，かえって労働者間の格差を助長するのではないかという点である．

たとえば，「時間限定正社員」の特徴として，① 女性に限ると有配偶で3歳以上の未就学児がいる正社員の「時間限定正社員」確率が高い，② 女性の「時間限定正社員」は，それが限定されていない正社員よりも2割弱有意に年収が低い（川口 2023）．「時間限定正社員」に，① 幼い子どもがいる確率が高い，② 収入が低い，という点で既婚女性のパートタイム労働者の傾向と共通している．こうした状況は，パートタイム労働者から「時間限定正社員」に転換したとしても，幼い子どものいる女性労働者が多く，低収入であるという従来の傾向から大きな変化はないことになる．つまり，依然として「家庭責任のために」労働時間を短縮していることになり，確かに一定の雇用条件は改善するかもしれないが，女性がおもに家事・育児の負担を担っているという現状のパートタイム労働者の働き方と同様，ジェンダー平等とはなじまない．

終　章｜変わる働き方，変わらない女性の役割

あるいはこうした状況が，正社員から転換してきた「時間限定正社員」に波及し，仮に年収が低下するのであれば処遇を引き下げることにもつながりかねない．「正社員」と呼ばれたとしても，パートタイム労働の処遇に近い「時間限定正社員」となれば，就業形態間の格差の縮小には結びつかない．すなわち現状のパートタイム労働者と正社員の処遇格差が改善されない限りは，双方にとって労働条件の引き下げとなる懸念が払拭できない．

パートタイム・フルタイムのどちらからの転換であっても処遇が下がるのは労働者にとって不利益である．「限定正社員」を選択しても，働きにみあった賃金を得られることが重要である．そのためにも，パートタイム労働者とフルタイム労働者の「均等待遇」の実現が必要であり最優先課題である．

（2）処遇格差の縮小

正社員とパートタイム労働者をはじめとした非正社員の処遇格差が社会問題となったこともあり，近年，格差縮小に向けた動きが始まっている．

たとえば，2024 年 5 月に雇用保険法が改正され雇用保険の適用拡大が決定した．雇用保険の被保険者の要件のうち，週所定労働時間が「20 時間以上」から「10 時間以上」に変更された．これにより，要件を満たせばパートタイム労働者も失業時のセーフティーネットや教育訓練などが受けられることになる．これは雇用の安定を側面から支えるものとなり，パートタイム労働者にとってものぞましい．近年，現在よりも労働時間を延ばしたいと考えるパートタイム労働者と，人手不足を背景により長い時間働いてほしいという企業側の希望が合致しており処遇改善にとってプラスに働く要因となっている．最低賃金も上昇傾向が続いており，2024 年度の全国の加重平均額は 1,055 円と，処遇が改善されつつあるといえよう．これは，正社員との賃金格差の縮小のきっかけともなろう．

しかし，いうまでもなく賃金や雇用状況は職種により異なっており，制度は整いつつあったとしても全体としては残された課題も多い．「働き方改革」の

177

もとで「同一労働同一賃金」など，処遇改善のためのさまざまな取り組みが見られるが，正社員とパートタイム労働者との賃金格差は依然として生じている．そのため，たとえ名称が「正社員」となったとしても，生活の基盤となる賃金に格差があれば処遇の問題は残される．「同一労働同一賃金」は導入されたが，正社員の賃金の評価基準はパートタイム労働者とは異なっているため，賃金格差が改善されているとはいえない．

パートタイム労働法が改正され，「待遇の原則」が新設されたことには，一定の評価がなされている．しかし，2007 年のパートタイム労働法の改正前後に限ってみれば，パートタイム労働者とフルタイム労働者の賃金格差は改善されたとはいえない．

また，日本の特徴として正社員とパートタイム労働者は「均等」待遇ではなく「均等・均衡」待遇であり，この運用をめぐっての課題は多い．EU のパートタイム指令では，パートタイム労働者とフルタイム労働者との「均等待遇原則」を規定している（欧州連合日本政府代表部　2024）．処遇格差が改善されるためには，「同一労働同一賃金」の徹底が不可欠であり，就業形態や性別にかかわらず働きにみあった賃金を得ることが重要である．こうした就業形態間の賃金格差の縮小を通じて，現状の男女間賃金格差の縮小へもつながることが期待できよう．

（3）パートタイム労働者のワーク・ライフ・バランスとジェンダー平等政策

序章でも述べたように，いくつかの調査からは，「男性は仕事，女性は家事・育児」という意識は変化していることがみてとれた．しかし，生活の実態は依然としてジェンダー規範の影響が強い．このギャップは，今後縮まっていくのだろうか．

その変化の兆しは，第 5 章の分析結果から見いだすことができる．たとえば，これまでパートタイム労働は，「子どもがある程度大きくなってから」，「子どもに手がかからなくなってから」選ばれる働き方であった．すなわち，子ども

終　章｜変わる働き方，変わらない女性の役割

が幼いうちは，主として家事・育児に専念しているため，「仕事と家事・育児」
との両立は家庭内で調整されてきたといえる．

　しかし，実際には末子が3歳以下の子どもをもつパート・アルバイトが占め
る比率が上昇していた．ここからは，子どもが幼い段階ですでに仕事に復帰し
ていることがわかる．近年上昇している女性の就業率は，フルタイムで働く女
性の増加だけではなく，幼い子どもを持つパートタイム労働者の増加の影響も
大きかったといえる．

　幼い子どもを持つパートタイム労働者が増加すると，これまで以上に，仕事
と家事・育児の両立が課題として浮かび上がってくるだろう．すなわち，これ
までパートタイム労働者は家庭責任を主として，仕事時間を短くすることで，
両立のバランスを調整してきたが，仕事時間が延びることにより，その調整の
余地が小さくなる．家庭内で調整してきた仕事と家事・育児の両立が，仕事時
間が決められたなかでの，仕事時間と家事・育児時間の調整へと変わるからで
ある．これまで仕事時間を減らすことによって仕事と家事・育児を両立させて
きたパートタイム労働者にとっても，幼い子どもがいることにより，保育所へ
の入所などフルタイム労働者が直面している同様の課題と向き合う必要が生じ
るだろう．

　男女で仕事と家庭責任を担うために，これまでさまざまな両立支援政策がお
こなわれてきたが，これはおもにフルタイム労働者を念頭におかれたもので
あったと考える．確かに，パートタイム労働者であっても利用できる制度はあ
るが，十分であるとはいえない．かりに，家庭責任をはたすためにパートタイ
ム労働を選択している女性が「時間限定正社員」になったとしても，労働時間
を短縮してそれを家事・育児時間にまわしていれば，これまでと変わらない．

　こうした課題への対応として，まず両立支援政策において，パートタイム労
働者がさらに制度を利用しやすくすることがあげられる．男女が仕事と家庭責
任をともに担うためには，フルタイム労働者と同様の視点からパートタイム労
働者も視野に入れた両立支援へとひろげることが求められる．また，同時に

ジェンダー平等の視点から，パートタイム労働者のワーク・ライフ・バランス政策が必要となる．たとえ，「同一労働同一賃金」が徹底されたとしても，労働時間が限定された「時間限定正社員」を選択したとしても，女性に家庭責任が偏っていては現状の性別役割分業の大きな変化は期待できない．実態が意識の変化に対応できるためにも，ジェンダーの視点の導入をさらに進めたワーク・ライフ・バランス政策が必要である．

　パートタイム労働者は，仕事時間は短いが家事・育児時間は長く，両者の合計の時間は，フルタイム労働者と大きな差はない．家事・育児時間を捻出するために，仕事時間を減らしているといえよう．しかし，仕事時間を減らした残り時間を自分の時間として使うことができない状況は，本来の意味での，ワーク・ライフ・バランスがとれているとはいえない．家事も労働である．労働時間（仕事時間と家事・育児時間の合計）の枠内で時間を調整するのではなく，労働と労働以外の余暇生活などとのバランスがとれることが重要である．従来の両立政策の視点にパートタイム労働者も視野に入れたものとし，家庭責任が女性に偏らないためのジェンダー平等政策を同時に導入することが求められよう．もちろん，これは，既婚女性以外のすべてのパートタイム労働者にも言えることである．パートタイム労働のあり方は，働き方にかかわる問題とパートタイム労働者の生活スタイルと密接にかかわっている．

　現在，社会保険制度や税制のあり方が議論され，労働時間を延ばしたいと希望するパートタイム労働者も増加傾向にある．仕事時間が延びることにより，仕事と家事・育児の両立課題は，フルタイム労働者だけの問題だけではなく，パートタイム労働者も同じ重みで直面することになる．ジェンダー平等政策と同時に両立政策の観点をパートタイム労働者へも拡大することが重要であり，こうした視点に立った政策は，意識と実態のギャップを縮める1つの有効な手段であると考える．

終　章│変わる働き方，変わらない女性の役割

ま　と　め──多様な働き方への実現にむけて──

　実態が意識の変化に応じたものとなるには，ジェンダー規範の影響を低下さ
せることが重要である．そのためには，男女で平等に仕事と家事・育児を担う
社会が求められる．男女間での仕事時間や家事・育児時間の差は大きい．これ
はジェンダー規範が強いことによる．政府の働き方改革や，性別役割分業意識
に対する啓発もおこなわれてはいるが，残された課題は少なくない．長時間労
働に代表される男性の働き方の問題や，昇進の男女間格差も存在している．

　現在，労働者の多くは雇用者として企業で働いている．確かに，政府がイニ
シアティブをとってジェンダー平等を推進するのも一つの方策ではある．しか
し，依然として賃金格差などの，さまざまな格差がある状況を改善するために
は，職場でのジェンダー平等への取り組みが不可欠である．2015 年に「女性
活躍推進法（女性の職業生活における活躍の推進に関する法律）」が成立した．そのな
かでは，女性の管理職への登用比率がひとつの指標とされ，具体的な数値目標
が定められた．しかし，現時点でその目標は達成されていない．その理由とし
て，これまで女性が役職者に登用されなかったのは，女性の勤続年数の短さや，
女性雇用者の数が少なかったことがあげられる．企業にとって，ジェンダー平
等への取り組みを導入するインセンティブを高める必要がある．近年の人手不
足は企業にとっても大きな問題となっており，そのことがパートタイム労働の
処遇へも影響し始めている．企業規模により差はあるが，このような経済的な
背景も追い風にして，より変化を進めることも可能となるであろう．

　次に，家庭生活におけるジェンダー平等政策である．前述のように，家庭生
活におけるジェンダー平等のためには，男性の働き方が重要である．現状の働
き方では，たとえ家事・育児にかかわりたいと思っていても，実行するのには
限界が生じる．その結果，女性が，多くの家庭責任を引き受けざるを得ない．
とりわけ，男性が育児時間を確保するための取り組みが必要である．男性の家

181

事・育児への参画の推進が，ジェンダー意識の変化をもたらす．日本でも，こうした取り組みを通じた，ジェンダー平等政策が必要である．

　同時に，ワーク・ライフ・バランス政策が重要となる．家庭責任と仕事時間の調和をはかるのであれば，パートタイム労働者がおこなっている，家庭責任と仕事時間がトレード・オフになるような働き方は変わる必要がある．既婚女性に焦点を当てた場合には，ジェンダー平等政策をあわせておこなうことにより状況は改善されると考えられる．他方，非正規雇用者の割合が4割近くになり，パートタイム労働も既婚女性だけではなくさまざまな属性を持った人の選択肢となっている．また，短時間正社員の例にみられるように，パートタイムとしての働き方も変化してくる．パートタイム労働者にとって，仕事と家事・育児とは別の選択肢として，余暇をはじめとしたさまざまな活動とのバランスを保つためにも，パートタイム労働者にとってのワーク・ライフ・バランスの視点が必要である．

　近年，「育児・介護休業法」が改正され，男性の育児休業の取得を促進する取り組みがなされている．政府による少子化対策という側面はあるが，男性の育児参画の推進をめざしており，重要な第一歩である．このような，実効性のある取り組みの積み重ねが不可欠である．

　「多様な働き方」という言葉が広がり，働き方や生活のあり方も変化してきた．少子高齢社会をむかえ，また，今後の労働力不足が懸念されるなかで，働き手を増やすことは重要である．多様な事情を持つ人が働きやすい社会にするためにも，パートタイム労働の果たす役割は大きい．多くの人にとってパートタイム労働が「質の良い雇用機会」となり，働き方の幅が広がることが期待される．

あとがき

　本書は 2019 年 3 月に同志社大学大学院総合政策科学研究科から学位を授与された博士学位論文「既婚女性のパートタイム労働——変わる働き方，変わらない女性の役割——」に加筆・修正をおこなったものである．本書の刊行にあたっては，公立大学法人福井県立大学より出版助成を受けた．感謝申し上げる．

　高校生の頃，友達や進路指導の先生と将来の話をするたびに「女の子だから」という言葉をしばしば耳にした．それは幼いころからよく言われた「いつもの言葉」であったが，それを聞くたびに居心地が悪かった．「男女雇用機会均等法」が成立する前のことである．

　大学では経済学部へ進学した．女子学生は全体の 1 割程度であったが，周囲には恵まれてのびのびとした学生生活を送っていた．しかし，「いつもの言葉」はつねにつきまとっていた．そうした「もやもや」を抱えてゼミ探しをしていたときに，偶然，いまは亡き西村豁通先生（同志社大学名誉教授）とお話をする機会を得た．日頃から持っていた疑問あるいは不条理について話す初対面の学生の話を，熱心に聞いてくださった．それがきっかけとなり，大学 3 年生で，先生のゼミに所属して以来，熱心なご指導とご助言をいただき研究者の途を志すきっかけもいただいた．本書をお見せすることは叶わなかったが，心より感謝申し上げたい．

　当初は，「女性労働論」という枠組みのなかで研究を始めた．まだ「女性労働」を研究テーマとすることは，研究分野にもよるであろうが，経済学の分野では主流とはいえず，「どうしてそのような研究テーマにするのか」という質問を受けたのも 1 度や 2 度ではなかった．一方で，「女性」に関わるさまざまなテーマで研究をすすめておられた少なからぬ先生方の研究活動を拝見し，励

みと心強さを感じていた.

　筆者の問題意識は，なぜ女性の労働力率曲線は「M字型カーブ」となるのか，から始まったが，それに影響を与えているであろう「性別役割分業」を示す手がかりは「生活時間」であると，国際比較と生活時間に焦点をあてたのが修士課程における研究のスタートであった．そして，スウェーデンの女性労働と生活時間をテーマにした国際比較研究を始めた.

　その後，問題関心はM字型カーブの底から右の山にあたる既婚女性のパートタイム労働へとすすみ，スウェーデンとオランダのパートタイム労働と生活時間調査を用いた分析を始めた．国際比較から得たことは大変貴重であったが，日本をふりかえると，研究を始めた頃と状況が大きく変わったとは感じられなかった．「女性の社会進出」がすすみ，さまざまな働き方をする女性が増えたにもかかわらず，である．そして，今回の博士論文のテーマに至った.

　現在は「ジェンダー」という言葉は社会の中でも認知され，男性の研究者も増えたことをみると時代の移り変わりを感じる.

　本書を執筆するにあたり多くの先生方のご指導，ご助言などを賜った．この場をお借りしてお礼を申し上げたい.

　中川清先生（同志社大学名誉教授）には，大学院生時代から研究内容についてはもちろん，研究への真摯な姿勢，取り組み方など，研究者としてのあり方を教えていただいた．感謝申し上げる.

　川口章先生（同志社大学大学院総合政策科学研究科教授）には，博士論文の執筆にあたり指導教授として，終始，あたたかい激励と多大なご指導とご助言をいただいた．感謝申し上げる.

　スウェーデンの事例研究をおこなっていた際に，スウェーデンの現地での調査研究のご指導をいただいた古橋エツ子先生（花園大学名誉教授）にお礼を述べたい．他大学の大学院生を嫌な顔ひとつせずにおおらかに研究室へ迎えていただいたときには，とてもうれしかった．感謝申し上げる.

　研究生活においては，いろいろな方の支えを受けた．特にいつも明るく励ま

あとがき

してくれた幼友達の烏牧慈さん，さまざまなアドバイスをくれた友人の樋口博美さんにもお礼を申し上げたい.

晃洋書房の編集者である坂野美鈴さんには，筆者の博士論文に目をとめていただき，大変お世話になった．感謝申し上げる.

最後に，私事になるが，家族にも感謝したい．博士論文の執筆と両親の介護が重なり体力的な負担が大きかったこともあったが，まとめることができた．しかし，両親とも本書の完成を見ることなく他界したことが心残りである．両親が示してくれた研究への理解に改めて感謝したい．また，研究生活を理解し支えてくれるパートナーである竹廣良司氏にも感謝を述べたい.

本書の第5章と第6章の分析に際しては，慶應義塾大学経済学部附属経済研究所パネルデータ設計・解析センターにより「消費生活に関するパネル調査（JPSC）」の個票データの提供を受けた．感謝申し上げる.

2024年12月

田中裕美子

引 用 文 献

阿部未央（2014）「改正パートタイム労働法の政策分析――均等待遇原則を中心に――」『日本労働研究雑誌』No.642, 45-52.

――――（2017）「パートタイム労働法」日本労働法学会（編）『労働法のフロンティア』日本評論社, 210-228.

池永肇恵（2015）「情報通信技術（ICT）が賃金に与える影響についての考察」『日本労働研究雑誌』No.663, 21-33.

伊藤セツ・天野寛子（編）（1989）『生活時間と生活様式』光生館.

NHK 放送文化研究所（編）（1963）『日本人の生活時間――国民生活時間調査――解説編』NHK 出版.

――――（1996）『日本人の生活時間・1995――NHK 国民生活時間調査――』NHK 出版.

――――（2002）『日本人の生活時間・2000――NHK 国民生活時間調査――』NHK 出版.

――――（2006）『日本人の生活時間・2005――NHK 国民生活時間調査――』NHK 出版.

――――（2011）『日本人の生活時間・2010――NHK 国民生活時間調査――』NHK 出版.

――――（2016）『データブック国民生活時間調査　2015――NHK 国民生活時間調査――』NHK 出版.

NHK 放送世論調査所（編）（1971）『日本人の生活時間 1970』NHK 出版.

――――（1974）『図説　日本人の生活時間 1973』NHK 出版.

――――（1976）『図説　日本人の生活時間 1975』NHK 出版.

――――（1982）『図説　日本人の生活時間 1980』NHK 出版.

NHK 世論調査部（編）（1986）『図説　日本人の生活時間 1985』NHK 出版.

――――（1992）『図説　日本人の生活時間 1990』NHK 出版.

江原由美子・山田昌弘（2008）『ジェンダーの社会学入門』岩波書店.

欧州連合日本政府代表部（2024）「EU の雇用社会政策の現状と最近の動向について」https://www.eu.emb-japan.go.jp/files/000459742.pdf（2024 年 10 月 15 日閲覧）.

大沢真知子（1993）『経済変化と女子労働――日米の比較研究――』日本経済評論社.

大沢真知子・スーザン・ハウスマン（編）（2003）『働き方の未来――非典型労働の日米欧比較――』大沢真知子（監訳），日本労働研究機構.

大沢真理（1993）『企業中心社会を超えて——現代日本を「ジェンダー」で読む——』時事通信社.

大脇雅子（1992）『「平等」のセカンド・ステージへ』学陽書房.

篭山京（1984）『篭山京著作集　第5巻　国民生活の構造』ドメス出版.

川口章（2008）『ジェンダー経済格差——なぜ格差が生まれるのか，克服の手がかりはどこにあるのか——』勁草書房.

―――（2023）「正社員の多様化と男女の職域分離・賃金格差」『日本労働研究雑誌』761，28-42.

川口大司（2014）「改正パートタイム労働法はパートタイム労働者の処遇を改善したか？『日本労働研究雑誌』No.642，53-63.

―――（2018）「雇用形態間賃金格差の実証分析」『日本労働研究雑誌』No.701，4-16.

木本喜美子（1995）『家族・ジェンダー・企業社会——ジェンダー・アプローチの模索——』ミネルヴァ書房.

―――（2003）『女性労働とマネジメント』勁草書房.

Klein. M, (ed.) (1997) *Part-Time Work in Europe: Gender, Jobs and Opportunities*, Campus.

経済企画庁国民生活局国民生活調査課（編）（1975）『生活時間の構造分析——時間の使われ方と生活の質——』大蔵省印刷局.

厚生労働省（2003）「令和4年版　働く女性の実情」https://www.mhlw.go.jp/content/11901000/001155643.pdf（2024年8月23日閲覧）.

―――（2011）「今後のパートタイム労働対策に関する研究会　報告書」https://www.mhlw.go.jp/stf/shingi/2r9852000001t3je-att/2r9852000001t3me.pdf（2024年8月24日閲覧）.

―――（2013）「有期雇用労働者等のキャリアアップに関するガイドライン——キャリアアップ促進のための助成措置の円滑な活用に向けて——」（https://www.mhlw.go.jp/content/000816790.pdf，2024年10月24日閲覧）.

―――（2015）「パートタイム労働のあらまし」http://www.mhlw.go.jp/file/06-Seisakujouhou-11900000-Koyoukintoujidoukateikyoku/aramashi_2.pdf（2024年8月23日閲覧）.

―――（2017）「平成28年パートタイム労働者総合実態調査の概況」https://www.mhlw.go.jp/toukei/itiran/roudou/koyou/keitai/16/dl/gaikyou.pdf（2024年9月21日閲覧）.

―――（2018a）「「同一労働同一賃金ガイドライン」https://www.mhlw.go.jp/content/11909000/001246985.pdf（2024年10月5日閲覧）.

引 用 文 献

──── (2018b)「平成29年　就労条件総合調査」https://www.mhlw.go.jp/toukei/itiran/roudou/jikan/syurou/17/dl/gaikyou.pdf（2024年8月23日閲覧）.

──── (2023)「パートタイム・有期雇用労働法のあらまし」https://www.mhlw.go.jp/content/11909000/001238412.pdf（2024年9月21日閲覧）.

──── (2024)「パートタイム・有期雇用労働法のあらまし」（https://www.mhlw.go.jp/content/11909000/001238412.pdf, 2025年1月23日閲覧）.

──── (2024)「雇用均等基本調査」（https://www.mhlw.go.jp/toukei/list/dl/71-r05/07.pdf, 2024年9月23日閲覧）.

厚生労働省雇用均等・児童家庭局 (2015)「改正パートタイム労働法のあらまし」『ジュリスト』# 1476, 14-21.

厚生労働省雇用均等・児童家庭局（編）(2001)『女性労働白書──働く女性の実情──平成12年版』21世紀職業財団.

──── (2002)『女性労働白書──働く女性の実情──平成13年版』21世紀職業財団.

──── (2003)『女性労働白書──働く女性の実情──平成14年版』21世紀職業財団.

──── (2004)『女性労働白書──働く女性の実情──平成15年版』21世紀職業財団.

──── (2005)『女性労働白書──働く女性の実情──平成16年版』21世紀職業財団.

──── (2006)『女性労働の分析──2005年──』21世紀職業財団.

──── (2007)『女性労働の分析──2006年──』21世紀職業財団.

──── (2008)『女性労働の分析──2007年──』21世紀職業財団.

──── (2009)『女性労働の分析──2008年──』21世紀職業財団.

──── (2010)『女性労働の分析──2009年──』21世紀職業財団.

──── (2011)『女性労働の分析──2010年──』21世紀職業財団.

国立社会保障・人口問題研究所 (2023)「2021年　結婚と出産に関する全国調査　現代日本の結婚と出産──第16回　出生動向基本調査（独身者ならびに夫婦調査）報告書──」https://www.ipss.go.jp/ps-doukou/j/doukou16/JNFS16_ReportALL.pdf（2024年8月23日閲覧）.

櫻庭涼子 (2015)「公正な待遇の確保」『ジュリスト』# 1476, 22-28.

佐野陽子 (1972)『女子労働の経済学』日本労働協会.

篠塚英子 (1989)『日本の雇用調整──オイル・ショック以降の労働市場──』東洋経済新報社.

島田裕子 (2018)「パートタイム・有期労働法の制定・改正の内容と課題」『労働研究雑誌』No.701, 17-29.

正田彬（編著）（1971）『女子パートタイマー――労務管理の実態と法律問題――』総合労働研究所.

総務省統計局（2022）「令和3年社会生活基本調査――生活時間及び生活行動に関する結果結果の概要――」https://www.stat.go.jp/data/shakai/2021/pdf/gaiyoua.pdf（2024年9月30日閲覧）.

高橋久子（編）（1983）『変わりゆく婦人労働――若年短期未婚型から中高年既婚型へ――』有斐閣.

竹中恵美子（1989）『戦後女子労働史論』有斐閣.

竹中恵美子（編著）（1983）『女子労働論――「機会の平等」から「結果の平等へ」――』有斐閣.

田中裕美子（2001）「パートタイム労働の国際比較」女性労働問題研究会編『女性労働研究』40号，120-31.

―――（2007）「ジェンダーの視点から見たパートタイム労働のあり方――生活時間調査に見るオランダとスウェーデンの仕事時間と家庭生活時間の変化――」『下関市立大学論集』50（1・2・3），127-138.

―――（2017）「生活時間からみたジェンダー規範と働き方――変わる働き方，変わらない女性の役割――」『同志社政策科学研究』19（1），341-58.

筒井清子・山岡熙子（1991）『国際化時代の女子雇用』中央経済社.

東京労働基準局（編）（1984）『パートタイマー――その実態と意識――』日本労働協会.

内閣府男女共同参画局（編）（2015）『男女共同参画白書』（平成27年版）佐伯印刷.

―――（2017）『男女共同参画白書』（平成29年版）佐伯印刷.

内閣府（2019）「男女共同参画社会に関する世論調査」（令和元年9月調査）https://survey.gov-online.go.jp/r01/r01-danjo/（2024年8月23日閲覧）.

中川清（2011）『現代の生活問題』（改訂版），放送大学教育振興会.

永瀬伸子（2018）「非正規雇用と正規雇用の格差――女性・若年の人的資本拡充のための施策について――」『日本労働研究雑誌』60（691特別号），19-38.

古郡鞆子（1997）『非正規労働の経済分析』東洋経済新報社.

Planteng, J.（1997）Part-Time Work in the Netherlands: Facts, Figures and Policies. In Klein. M,（ed.）*Part-Time Work in Europe: Gender, Jobs and Opportunities*, 151-67, Campus.

Blossfeld, H. P. and Hakim, C.,（eds.）（1997）, *Between Equalization and Marginalization; Women Working Part-Time in Europe and the United States of America*, Oxford

University Press.

本田一成（2007）『チェーンストアのパートタイマー──基幹化と新しい労使関係──』白桃書房.

松原亘子（1983）「女子パートタイム労働者の増加と条件」高橋久子（編）『変わりゆく婦人労働──若年短期未婚型から中高年既婚型へ──』有斐閣，100-23.

───（1994）『短時間労働者の雇用管理の改善等に関する法律──パートタイム労働法の解説──』労政行政研究所.

水野谷武志（2005）『雇用労働者の労働時間と生活時間──国際比較統計とジェンダーの視角から──』御茶ノ水書房.

水町勇一郎（2018）『「同一労働同一賃金」のすべて』有斐閣.

三菱 UFJ リサーチ＆コンサルティング（2013）「期待が高まる女性労働力──活用から活躍に向けての課題──」『調査と展望』No.20, https://www.murc.jp/wp-content/uploads/2013/11/tenbou_131105.pdf（2024 年 11 月 10 日閲覧）.

三山雅子（2001）「大競争時代の日本の女性パート労働」竹中恵美子（編）『労働とジェンダー』明石書店，169-89.

───（2003）「日本における労働力の重層化とジェンダー──パートタイム労働を中心に──」『大原社会問題研究所雑誌』536，15-26.

───（2011）「誰が正社員から排除され，誰が残ったか」藤原千沙・山田和代（編）『女性と労働』大月書店，41-72.

両角道代（2008）「均等待遇と差別禁止──改正パートタイム労働法の意義と課題」『日本労働研究雑誌』No.576，45-53.

文部科学省（2017）「学校基本調査　年次統計」文部科学省ホームページ，https://www.mext.go.jp/b_menu/toukei/chousa01/kihon/1267995.htm（2024 年 9 月 5 日閲覧）.

矢野眞和（編著）（1995）『生活時間の社会学──社会の時間・個人の時間──』東京大学出版会.

連合総合生活開発研究所（2009）『生活時間の国際比較──日・米・仏・韓のカップル調査：連合・連合総研共同調査研究報告書──』連合総合生活開発研究所.

労務行政研究所編（2023）『実務コンメンタール　男女雇用機会均等法　パートタイム・有期雇用労働法　育児・介護休業法　パワハラ防止法』労務行政.

労働省婦人局（編）（1987）『パートタイム労働の展望と対策』婦人少年協会.

───（1993）『働く女性の実情──平成 5 年版──』大蔵省印刷局.

───（1994）『働く女性の実情──平成 6 年版──』大蔵省印刷局.

―――（1995）『働く女性の実情――平成 7 年版――』大蔵省印刷局.

―――（1996）『働く女性の実情――平成 8 年版――』大蔵省印刷局.

―――（1998）『働く女性の実情――平成 9 年版――』大蔵省印刷局.

労働省女性局（編）（1998）『女性労働白書――働く女性の実情――』21 世紀職業財団.

―――（1999）『女性労働白書――働く女性の実情――』21 世紀職業財団.

―――（2000）『女性労働白書――働く女性の実情――』21 世紀職業財団.

労働省婦人少年局（編）（1953）『婦人労働の実情――1952――』大蔵省印刷局.

―――（1954）『婦人労働の実情――1953――』大蔵省印刷局.

―――（1955）『婦人労働の実情――1954――』大蔵省印刷局.

―――（1956）『婦人労働の実情――1955――』大蔵省印刷局.

―――（1957）『婦人労働の実情――1956――』大蔵省印刷局.

―――（1958）『婦人労働の実情――1957――』大蔵省印刷局.

―――（1959）『婦人労働の実情――1958――』大蔵省印刷局.

―――（1960）『婦人労働の実情――1959――』大蔵省印刷局.

―――（1961）『婦人労働の実情――1960――』大蔵省印刷局.

―――（1962）『婦人労働の実情――1961――』大蔵省印刷局.

―――（1963）『婦人労働の実情――1962――』大蔵省印刷局.

―――（1964）『婦人労働の実情――1963――』大蔵省印刷局.

―――（1965）『婦人労働の実情――1964――』大蔵省印刷局.

―――（1966）『婦人労働の実情――1965――』大蔵省印刷局.

―――（1967）『婦人労働の実情――1966――』大蔵省印刷局.

―――（1968）『婦人労働の実情――1967――』大蔵省印刷局.

―――（1969）『婦人労働の実情――1968――』大蔵省印刷局.

―――（1970）『婦人労働の実情――昭和 44 年――』大蔵省印刷局.

―――（1971）『婦人労働の実情――昭和 45 年――』大蔵省印刷局.

―――（1972）『婦人労働の実情――昭和 46 年――』大蔵省印刷局.

―――（1973）『婦人労働の実情――昭和 47 年――』大蔵省印刷局.

―――（1974）『婦人労働の実情――昭和 48 年――』大蔵省印刷局.

―――（1975）『婦人労働の実情――昭和 49 年――』大蔵省印刷局.

―――（1976）『婦人労働の実情――昭和 50 年――』大蔵省印刷局.

―――（1977）『婦人労働の実情――昭和 51 年――』大蔵省印刷局.

―――（1978）『婦人労働の実情――昭和 52 年――』大蔵省印刷局.

――――（1979）『婦人労働の実情――昭和54年版――』大蔵省印刷局.
――――（1980）『婦人労働の実情――昭和55年版――』大蔵省印刷局.
――――（1981）『婦人労働の実情――昭和56年版――』大蔵省印刷局.
――――（1982）『婦人労働の実情――昭和57年版――』大蔵省印刷局.
――――（1983）『婦人労働の実情――昭和58年版――』大蔵省印刷局.
労働省婦人局（1984）『婦人労働の実情――昭和59年版――』大蔵省印刷局.
――――（1985）『婦人労働の実情――昭和60年版――』大蔵省印刷局.
――――（1986）『婦人労働の実情――昭和61年版――』大蔵省印刷局.
――――（1987）『婦人労働の実情――昭和62年版――』大蔵省印刷局.
――――（1988）『婦人労働の実情――昭和63年版――』大蔵省印刷局.
――――（1989）『婦人労働の実情――平成元年版――』大蔵省印刷局.
――――（1990）『婦人労働の実情――平成2年版――』大蔵省印刷局.
――――（1991）『婦人労働の実情――平成3年版――』大蔵省印刷局.
――――（1992）『婦人労働の実情――平成4年版――』大蔵省印刷局.
――――（1993）『働く女性の実情――平成5年版――』大蔵省印刷局.
――――（1994）『働く女性の実情――平成6年版――』大蔵省印刷局.
――――（1995）『働く女性の実情――平成7年版――』大蔵省印刷局.
――――（1996）『働く女性の実情――平成8年版――』大蔵省印刷局.
労働省女性局（編）（1998）『働く女性の実情――平成9年版――』大蔵省印刷局.
――――（1999）『女性労働白書――働く女性の実情――平成10年版』大蔵省印刷局.
女性局（編）（2000）『女性労働白書――働く女性の実情――平成11年版』大蔵省印刷局.
労働法令協会（編）（2015）『改正パートタイム労働法の詳解――平成27年4月1日施行の改正法に対応――』労働法令.
Visser, J. (2002) The first part-time economy in the world: a model to be followed? *Journal of European Social Policy*, 12 (1), 23-42.
渡辺洋子（2016）「男女の家事時間の差はなぜ大きいままなのか――2015年国民生活時間調査の結果から――」『放送研究と調査』12, 50-63.

索　　引

あ

M字型カーブ　　76, 77, 80, 83, 90, 93
夫の家事・育児時間　　129, 131, 134
夫の仕事時間　　128, 134

か

学歴　　123, 125, 169
家庭責任　　5, 47, 50, 75, 77, 78
家庭婦人　　98, 99
均衡待遇　　28, 84, 88, 89
均等・均衡待遇　　29, 30
均等待遇　　52, 53, 177
均等待遇原則　　178
勤務時間限定正社員　　175
継続就業　　11, 93, 94
国民生活時間調査　　97-99, 101
子どもの数　　131

さ

再就職　　11, 77, 87
　　──コース　　2
ジェンダー規範　　3-5, 7, 9, 17-19, 31, 32, 58,
　　79, 94, 95, 97, 111, 116, 118-120, 173, 174,
　　181
ジェンダー平等政策　　174, 175, 178, 180
時間限定正社員　　175-177, 179, 180
仕事と家庭の両立　　3, 58, 75, 93
就業形態の多様化　　4, 91
主婦　　99, 100
消費生活に関するパネル調査　　8, 9, 123, 124,
　　142, 174
処遇改善　　175, 178
処遇格差　　11, 12, 31
職務限定正社員　　175
女性活躍推進法　　181

女性差別撤廃条約　　62

女性の就業意識の変化　　1
『図説　日本人の生活時間』　　7, 9, 95, 97
生活時間　　5, 7-9, 15-18, 95, 97, 110
性別役割分業　　4, 11, 15
　　──意識　　1, 93
専業主婦コース　　2

た

待遇の原則　　29, 30, 178
短時間雇用者　　20, 32
短時間就業　　46, 47, 50, 53
男女共同参画　　175
男女雇用機会均等法　　6, 70, 92, 111, 119, 173
男女平等に関する世論調査　　1
男性の育児休業の取得率　　2
賃金格差　　12, 141, 166, 167
妻の家事・育児時間　　127, 131, 133
妻の仕事時間　　127, 132
同一労働同一賃金　　3, 31, 170, 171, 178, 180
雇用調整　　92
　　──弁　　35

な

内職　　47, 53
日本人の生活時間　　97-99

は

パートタイム　　14, 46, 50, 53, 64, 92-94, 106,
　　110, 111, 113, 116, 117, 119, 120
パートタイム指令　　178
パートタイム・有期雇用労働法　　3, 23, 30,
　　36
パートタイム労働　　2-8, 11, 17-19, 31, 35,
　　46, 53, 58, 63, 64, 74, 75, 84, 91-94, 107,
　　118, 120, 141, 170, 173, 174, 177, 180

——の「自発的」選択　13
パートタイム労働者　11, 12, 19, 31, 32, 36,
　74, 75, 80, 84, 94, 111, 139, 141, 170, 174,
　176, 179, 180
——の「身分」　12, 52
パートタイム労働対策要綱　25
パートタイム労働法　3, 8, 9, 23, 26-28, 30,
　31, 166, 167
副業　98, 104-109, 118
婦人に関する世論調査　1
婦人労働の実情　6, 7, 9, 35, 36, 95, 173
フルタイム　50, 52-54, 64, 92-94, 110, 111,
　113, 116, 119, 120, 139
フルタイムパート　72
フルタイム労働　46, 64, 74, 75, 92, 94, 119
平均時間　98

ま

末子の年齢　123, 125, 131, 132, 135, 136

や

有配偶女性　10
予想ライフコース　2

ら

理想ライフコース　2
両立コース　2
労働力不足　6, 92, 93, 119, 182

わ

ワーク・ライフ・バランス　123, 178, 180,
　182
——政策　180, 182

《著者紹介》

田 中 裕 美 子（たなか ゆみこ）
　同志社大学大学院総合政策科学研究科博士後期課程修了，博士（政策科学）．
　現在，福井県立大学 看護福祉学部教授．

主要業績
「パートタイム労働という働き方」北九州市立男女共同参画センター"ムー
　ブ"編 『ジェンダー白書 2 ——女性と労働——』明石書店，2004年，pp.
　137-153.
「ジェンダーの視点から見たパートタイム労働のあり方——生活時間調査に見
　るオランダとスウェーデンの仕事時間と家庭生活時間の変化——」『下関
　市立大学論集』第50巻第 1 · 2 · 3 号，2007年，pp. 127-138.
「パートタイム労働をめぐる政策動向と課題——「自律」可能性とジェンダー
　の視点より——」『日本労働社会学会年報』第23号，2012年，pp. 29-48.

日本における既婚女性のパートタイム労働
——変わる働き方，変わらない女性の役割——

| 2025年 3 月20日　初版第 1 刷発行 | ＊定価はカバーに |
| | 表示してあります |

著　者　　田 中 裕 美 子©

発行者　　萩 原 淳 平

印刷者　　田 中 雅 博

発行所　株式会社　晃 洋 書 房

〒615-0026　京都市右京区西院北矢掛町 7 番地
電話　075(312)0788番(代)
振替口座　　01040-6-32280

装幀　HON DESIGN（小守いつみ）　印刷・製本　創栄図書印刷㈱

ISBN 978-4-7710-3924-7

JCOPY 〈㈳出版者著作権管理機構 委託出版物〉
本書の無断複写は著作権法上での例外を除き禁じられています．
複写される場合は，そのつど事前に，㈳出版者著作権管理機構
（電話 03-5244-5088, FAX 03-5244-5089, e-mail: info@jcopy.or.jp）
の許諾を得てください．